JN440192

아버지가 **딸**에게 전하는 **52**가지

아버지가
딸에게 전하는
52가지

초판 인쇄 | 2008년 2월 22일
초판 4쇄 인쇄 | 2011년 8월 10일
지은이 | 박찬희
펴낸곳 | 은진미디어
펴낸이 | 곽화식
디자인 | 디자인 감7
등록번호 | 제7-0834호
주소 | 서울시 동대문구 제기2동 1157-3 영진빌딩 1층
전화 | 02-953-0471 팩스 | 02-924-0554

ISBN 978-89-960283-4-5 00810

값 5,000원

아버지가 딸에게 전하는 52가지

박찬희 지음

은진미디어

머리말

세상의 모든 딸들에게

사랑하는 내 딸아!

너는 절대로 시간이 흐른 뒤에 너의 과거를 기억하면서 아쉬워하거나 후회하지 않길 아빠는 진심으로 바란단다. 그래서 너에게 꼭 들려주고 싶은 52가지 이야기가 있단다.

너보다 먼저 세상을 살아간 인생선배로서 아빠가 네게 말해주고 싶은 것들이야.

딸아! 상상력을 헛된 꿈, 쓸모없는 것이라고 부른 사람들이 있었단다. 그 사람들은 주어진 공부만 주어진 틀 안에서 열심히 했었지. 그래서 그들은 모범생이라고 불렸어. 하지만 모범생이 되었다고 그들이 행복했을까? 아니었단다. 결국 그 모범생들은 자신들이 할 수 있는 일이 그다지 많지 않다는 것, 일을 할 때도 공부를 할 때도 남들과 똑같을 수밖에 없다는 것을 깨닫고 크게 후회했지. 아빠는 내 딸이 그런 길을 가지 않기를 바란단다.

아빠는 너에게 가끔씩은 편지를 직접 써서 우편으로 보내보라고 말하고 싶구나. 편지는 한줄 한 줄 정성을 들여 쓰게 되는데다 너의 가슴 깊은 곳에 있는 마음을 상대에게 전하기 때문에 받는 사람은 무척이나 행복하고 기쁠 것이다. 너 또한 스스로의 삶을 매우 풍성하고 아름답게 만드는 것이 아닐까 싶단다.

방학기간 중에 친구나 선생님께 보내도 좋고 이

모나 사촌들에게 보내면 너무 반가워하겠지. 또 엄마나 아빠에게 꼭 하고 싶은 말이 있는데 직접 얼굴을 보고 말로 하기 보다는 글로 전하고 싶다면 편지를 보내도 좋은 방법이 될 거야.

한달에 한 통의 편지라도 너의 마음을 담아 우표를 붙여 보내는 것, 그것은 아주 즐거운 너만의 이벤트가 될 것 같지 않니.

내 딸아! 마지막으로 아빠가 당부하고 싶은 것은 동시에 두 마리 토끼를 잡으려고 하지 마라는 것이다. 한 마리를 잡으면 우리 안에 넣어놓고 다시 다른 한 마리를 잡으려고 노력하는 것이 가장 현명한 방법이란다.

네가 세상을 살아가면서 반드시 잊지 말았으면 좋겠다.

차례

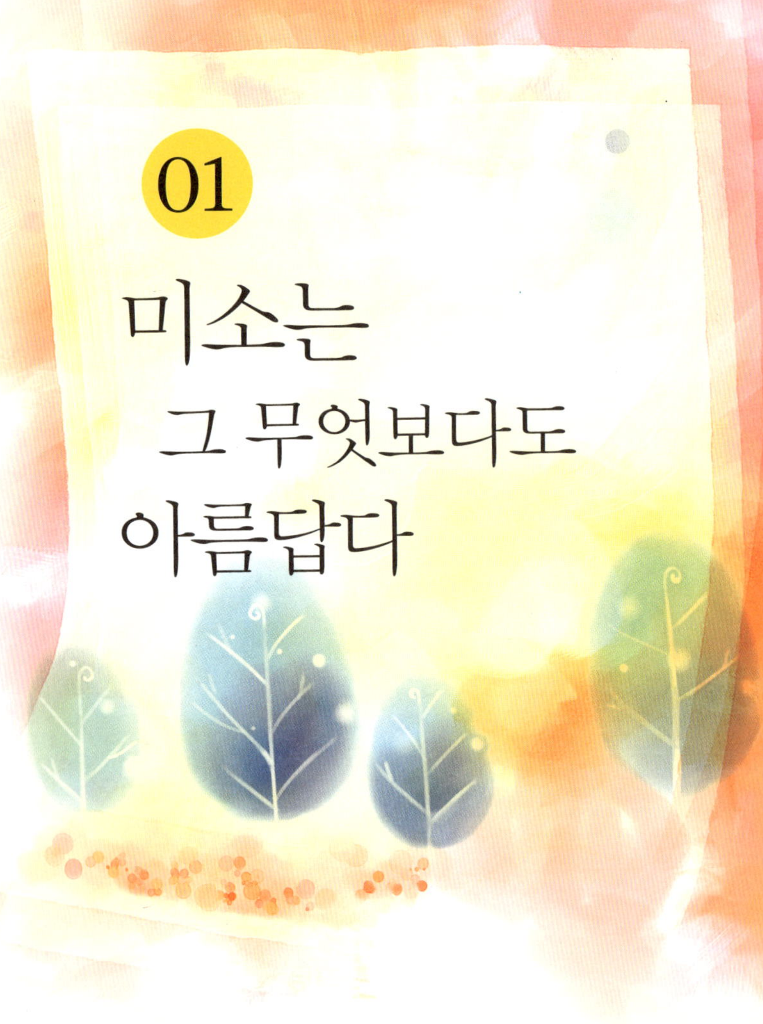

01 미소는 그 무엇보다도 아름답다

 옛 말에 '웃는 얼굴에 침 뱉을 수 없다'는 말이 있단다.

설령 상대가 실수나 잘못을 하였다할지라도 미소를 머금은 환한 얼굴을 보여준다면 화가 나려고 했던 마음마저 부드럽게 녹아내리고 상대를 용서하게 된다는 거야. 웃는 얼굴은 그만큼 사람과 사람 사이에서 큰 힘을 가진단다.

웃는 얼굴은 자신도 즐겁겠지만 무엇보다도 보는 사람으로 하여금 마음 편하고 친근함이 들게 하며 또 자신을 향해 미소 짓는 사람이 있다는 사실 하나만으로도 살아가는 즐거움을 느끼게 하기 때문이지.

그뿐만이 아니야. 미소란 국경과 문화를 뛰어 넘어 누구에게나 만국 공통어로 통한단다. 얼굴색이 다르고 사는 곳이 달라도 미소 띤 얼굴을 보는 사람들은 서로 즐겁고 서로에게 믿음이라는 보이지 않는 신뢰를 만들어 낸단다.

사랑하는 딸아! 너의 미소 띤 얼굴은 이 세상 그 어느 것과도 바꿀 수 없을 만큼 엄마, 아빠에게는 소중한 재산이란다. 너의 웃는 얼굴을 볼 때마다 엄마, 아빠의 걱정거리도 사라지고 순간순간 얼마나 행복한지 모른단다. 집에서 늘 밝게 웃는 것처럼 학교에서나 밖의 생활에서도 늘 미소를 잃지 않는 우리 딸이 되길 바란다.

이 세상 사람들은 제각각 서로 다른 환경과 서로 다른 처지에서 살아간단다. 우울하고 슬픈 사람, 괴롭고 힘든 사람, 신이 날 정도로 즐거운 사람 등등.

어떤 사람은 우울하고 슬퍼도 미소를 지으며 밝

게 살아가려고 노력하고, 또 다른 사람은 신이 날 정도로 즐거우면서도 얼굴은 찡그린 얼굴을 하고 있다고 치자. 네가 생각하기에도 미소를 짓는 웃는 사람이 더 행복하고 주변 사람들에게도 따뜻한 인정을 나누는 사람으로 여겨질 거야.

딸아! 많이 웃고 늘 밝고 건강하게 생활해라. 그러면 네 주변의 모든 사람들이 널 더욱더 사랑하게 된단다.

아빠가 주는 생각 한 토막

★ 상대가 실수를 했을 때라도 미소 띤 얼굴로 대하면 어떤 일이 생길까.

★ 우울하더라도 항상 즐거운 표정으로 사람들을 대하면 내 기분은 어떻게 달라질까.

여자라서 못한다고 생각하지 말라

"나는 여자인데 저런 힘든 일을 어떻게 해."

"조종사나 군인은 남자들 직업이지. 여자가 그걸 어떻게 해."

"나는 여자니까 요리를 할 거야. 대신 너희들은 남자니까 짐을 옮겨."

여자이기 때문에 남자와는 다른 일을 해야 하고 여자니까 어렵고 힘든 일은 할 수 없다는 생각을 가진다면 그것은 아주 큰일이란다. 지구의 반은 여자이고 또 반은 남자이지 않니. 그러니 이 세상을 움직이는 것은 남자와 여자 모두의 힘이지 어떤 한쪽의 힘은 아니란다. 남자와 여자는 성에 의해 구분하는 것일 뿐 이 세상 모든 사람들은 누구나 다 소중한 생명을 지닌 한 사람이며 모든 것에서 평등하단다.

물론 아주 옛날에 할머니, 할아버지가 젊으셨을 때는 남자와 여자를 차별하곤 했지. 우리나라는 유교사상이 오랫동안 뿌리 내려온 나라여서 그랬던 거야. 하지만 지금은 달라졌지. 모든 사람은 평등한 거야. 중요한 것은 능력일 뿐이지. 옛날처럼 여자이기 때문에, 남자이기 때문에 어떤 일이나 상황에서 불이익을 받는 일은 이제 없단다. 능력만 충분하다면 여자도 대통령이 되고 건축가가 되고 비행기 조종사도 될 수 있지. 또 남자가 호텔의 요리사로 일하고 패션디자이너로 활동하는가 하면 뜨개질로 옷을 만드는 사람도 있단다.

성에 의해 어떤 자격을 구분하던 시대는 이제 끝

났단다. 지금은 국경도 성도 문제가 되지 않는 자유 경쟁시대지. 자신의 능력을 힘껏 발휘한다면 세계가 자신의 무대가 되고 세계의 친구들이 경쟁자가 된단다.

사랑하는 딸아! 너는 여자이기 이전에 이 세상 단 하나뿐인 한 사람이라는 것을 명심해주길 바란다.

아빠가 주는 생각 한 토막

★ 내가 여자라서 못하는 일이 있다고 생각하지 않는다.

★ 능력만 있다면 여자, 남자의 구분은 없는 것이다.

모든 일에 자신감을 가지고 도전해라

어떤 사람은 능력은 충분한데 늘 이렇게 말하곤 하지.

"내가 저걸 할 수 있을까. 너무 어려운 것 같은데."

또 다른 사람은 이렇게 말해.

"나는 할 수 있어. 최선을 다하면 가능할 거야."라고.

사람들 중에는 자신이 가진 능력을 십분 발휘하는 사람이 있는가 하면 능력은 많아도 그것을 제대로 발휘하지 못하는 사람들이 있단다.

이 두 가지 유형의 사람들을 보다 쉽게 구분하는 방법은 바로 자신감이란다. 자신감이 없는 사람은 아무리 실력이 뛰어나고 지능지수가 높아도 새로운 일이나 어떤 경쟁에서 뒤쳐질 수밖에 없단다. 반대로 자신감에 충만해 있는 사람은 자신의 능력을 한껏 발휘할 수 있어 다른 사람보다 더 우수한 능력을 보여주며 경쟁에서도 승자가 된단다.

딸아! 어떤 상황에서든 자신감을 가져라. 자신감은 마음가짐을 통해 너 스스로 얻을 수 있는 생활의 에너지원이란다.

자신감을 가진다는 것은 모든 상황에서 스스로 '나는 잘 할 수 있다'는 다짐을 하는 것이다. 이런 자신감이 생기면 새로운 일이나 지금보다 한 단계 높은 문제나 시험에 도전하여 좋은 결과를 얻게 된단다.

사람이 하는 모든 일은 그 일을 하는 사람의 마음먹기에 달렸단다. 이제부터는 이런 최면을 너 스스로에게 걸어보렴.

"나는 할 수 있어."

"나는 해내고 말 것이야."

"최선을 다하면 반드시 잘 될 거야."

아빠가 주는 생각 한 토막

★ 자신감만 있으면 불가능은 없다.

★ 최선을 다하면 모든 일은 잘 되기 마련이다.

04

숨어 있는 잠재력을 발휘해라

"어, 정말이야. 그 애가 1등을 했단 말이야."

가끔씩 우리는 주변의 친구들 중 누군가가 본래 자신의 능력보다 월등한 결과를 보여주는 것에 놀라움을 감추지 못하곤 한단다. 이럴 경우 친구들 중에는 도저히 믿기지 않는다고 고개를 흔드는 사람이 있는가 하면 누구나 열심히 하면 100점이 가능하다는 것을 새롭게 깨닫는 사람도 있지.

수학경시대회에서 늘 70점대를 오르내리던 친구가 갑자기 100점 만점을 받는 일은 얼마든지 생겨날 수가 있어. 100미터 달리기에서 늘 꼴찌를 하던 친구가 1등을 하는 일도 가능한 일이야. 여기에는 네가 모르고 있는 중요한 비밀이 하나 있단다. 그것은 바로 잠재력이란다.

잠재력이란 겉으로 드러나지 않고 숨어 있는 능력이란다. 사람마다 약간의 차이는 있지만 누구에게나 잠재력이 있으며 그것은 어떤 계기나 동기부여를 통해 겉으로 나타난단다.

이를테면 이런 거야.

민지라는 아이는 본래 남 앞에서 발표하는 능력이 없었어. 수줍음을 많이 타는데다 남 앞에 나서는 것은 잘난 척하는 것이라고 생각했기에 머릿속에는 어떤 내용이든 발표할 준비가 되어 있었지만 하지 않았던 거지. 그런데 어느 날 엄마는 민지에게 말했단다.

"얘야, 성공한 사람들은 남들 앞에서 자신의 생각을 잘 밝히거든. 아무리 많은 사람들이 자신 앞에 있다 할지라도 자신감을 갖고 너의 생각이나 의견을 발표하는 것은 매우 중요한 일이란다. 며칠 전 가족파티에서 너는 엄마, 아빠가 놀랄 만큼 노래를 멋지게 불렀잖니. 너는 무엇이든 잘 할 수 있어. 앞으로는 학급 토론회 때 너의 생각을 자신 있게 밝혀 보렴."

엄마의 말을 듣고 민지는 자신감을 얻었고 학급 토론회에서 발표할 내용을 차분히 생각하고 이것을 정리하여 발표하게 된 거지. 민지가 발표를 하자 아이들은 놀라서 박수를 쳤어. 선생님도 칭찬을 해주셨지. 이런 경우 그 다음 발표회에서 민지는 더 놀라운 발표력을 보여주게 된단다. 민지의 잠재력이 드디어 발휘되는 거야.

딸아! 너에게는 많은 잠재력이 있단다. 네가 노력하고 열심히 도전하다보면 너도 모르는 사이에 너의 잠재력이 나타나 너의 능력을 더욱 빛나게 해줄 거란다.

아빠가 주는 생각 한 토막

★ 누구에게나 잠재력은 숨어 있다.

★ 성공한 사람들은 자신의 잠재력을 드러내기 위해 노력한다.

05

깔끔하고 단정한 게 좋다

텔레비전을 보면 화장을 한 예쁜 얼굴에 화려한 옷을 입고 춤을 추거나 연기를 하는 가수와 탤런트들이 많이 나오지. 그럴 때마다 너도 그녀들처럼 멋진 헤어스타일과 화려한 옷을 입어보고 싶다는 생각을 한다면 그것은 당연한 일이란다. 너는 아직 어린이기에 연예인들의 화려한 모습이 정말로 멋져 보이고 환상처럼 느껴질 거야.

하지만 애야, 연예인들을 흉내 내기 위해 엄마를 졸라 비싼 옷을 사 입고 머리 스타일을 화려하게 꾸미는 것은 그다지 아름답지 못한 일이고 어린이답지 않은 것이란다.

아이는 아이다워야 한다는 말이 있단다. 누구든 자신의 나이와 신분에 맞는 복장을 하는 것이 바람직한 모습이기 때문이지. 학교에서 공부하는 어린이가 늘 공주 같은 하얀 드레스만 입고 다닌다면 활동하기가 여간 불편하지 않을 거야. 친구들과 놀 때도 거추장스러워 힘이 들 거란다.

가장 아름다운 모습은 지나치게 꾸미지 않고 있는 그대로의 깔끔하고 순수한 것이란다. 어린이들이 예쁘고 귀여운 것은 바로 그 때문이지. 티 없이 맑고 순수해 보이기 때문에 나라와 인종을 막론하고 이 세상 모든 어린이들이 아름답고 순수한 이미지로 보이는 것이지.

딸아! 지금 깔끔하고 단정한 너의 모습은 천사 같고 가장 사랑스럽단다. 만일 네가 화장을 하고 퍼머를 하고 멋진 옷을 입고 싶다면 네가 성인이 될 때까지 기다려라. 네가 만 19세가 넘으면 너는 성숙한 여성으로 변해있을 테고 그때는 정신도 성숙해 있기에 부모님의 동의 없이도 네가 원하는 것을 마음껏 할 수 있단다. 또 여대생이 되거나 직장 여성이 되면 너의 아름다움을 지키기 위해 자연적으로 화장도 하고 너의 몸매에 맞는 옷을 입게 될 것이며 스타일에 맞는 액세서리도 마음껏 할 수 있을 거야.

아빠가 주는 생각 한 토막

★ 누구든 자신의 나이와 신분에 맞는 복장을 하는 것이 바람직한 모습이다.

★ 가장 아름다운 모습은 있는 그대로의 깔끔하고 순수한 것이란다.

스포츠 한두 가지는 즐겨라

사람들 중에는 스포츠는 남자들이 즐기는 것으로 착각하는 이들도 있단다. 어린이들도 마찬가지지. 여자 어린이들 중에는 스포츠가 남자아이들이 주로 즐기는 것이라는 편견을 갖고 있는 아이들이 종종 있지 않니? 그러나 그것은 마치 여자는 예쁘고 아름답기만 하면 된다는 식의 잘못된 편견이란다.

스포츠는 운동선수만 즐기는 것도 아니고 남자들만 즐기는 것도 아니란다. 또 직접 즐길 수 없는 상황이라면 보는 것만으로도 다양한 좋은 점이 있단다.

스포츠는 몸을 건강하게 하고 협동심을 길러준단다. 또 평소 복잡했던 생각이나 걱정거리로부터 벗어날 수 있게 하여 삶의 활력소 같은 역할을 하지. 그러니 스포츠란 얼마나 좋은 것이니.

딸아! 너도 스포츠 한두 가지는 즐기는 아이였으면 하는 바람이란다. 가끔씩 인라인 스케이트를 타긴 하지만 농구, 탁구, 야구, 배드민턴, 육상, 수영, 승마 등등 많은 스포츠 중 네가 가장 쉽게 즐길 수 있고 해보고 싶은 종목을 찾아 즐기면 된단다.

우리가 스포츠 스타가 되기 위해 스포츠를 즐기는 것은 아닌 만큼 스포츠를 아주 잘 해야 한다는 부담은 갖지 않아도 된단다. 조금 서투르다 할지라도 자신이 즐겁고 그로인해 생활의 활력을 찾는다면 그것으로 우리는 만족스러운 것이 아닐까 싶구나.

또 만일 네가 운동선수는 아닐지라도 여군, 여경,

경호원, 조종사, 소방관, 레크리에이션 강사 등과 같은 스포츠로 단련된 체력을 반드시 필요로 하는 직업을 소망한다면 스포츠 한두 가지는 반드시 지금부터 확실하게 배워두는 것이 큰 도움이 될 것 같구나.

아빠가 주는 생각 한 토막

★ 스포츠는 남자아이들이 주로 즐기는 것이라는 생각은 편견이란다.

★ 스포츠 중 네가 가장 쉽게 즐길 수 있고 해보고 싶은 종목을 찾아 즐기면 된단다.

말을 할 때는 신중을 기해라

남자들에 비해 여자들이 말을 할 때 좀더 부드럽고 아름다운 언어를 많이 사용하는 편이어서 듣는 사람 입장에서는 매우 즐겁단다. 같은 말을 하더라도 듣는 사람을 즐겁게 한다면 그것은 아주 좋은 일이야.

그런데 가끔씩 아빠는 어린이나 중 · 고등학생들이 하는 말을 들으면서 걱정스러워할 때가 있단다. 욕이라고 할 수 있는 말들을 말끝마다 붙여서 말하는 아이들이 있는가 하면 인터넷 채팅이나 또래 아이들과 대화하면서 국적불명의 이상한 언어를 사용하는 아이들이 적지 않은 것 같더구나.

아빠가 보기에 집에서 너는 네 기분에 따라 말을 함부로 하거나 표준어가 아닌 은어나 속어를 사용하는 일은 없는 것 같더구나. 밖에서도 집에서와 똑같이 바른말을 사용하면 좋겠단다.

하는 사람은 아무 생각 없이 했을지라도 듣는 사람 입장에서는 적으로부터 칼이나 총으로 공격받은 것만큼이나 큰 상처를 받을 수 있는 게 바로 말이란다. 더욱이 말은 단어 하나, 끝말 하나만 잘못 사용하더라도 전체의 말이 자신이 의도했던 것과는 전혀 다른 의미로 상대에게 전달되거든.

말에 신중을 기해야 하는 중요한 이유는 또 있지. 입에서 밖으로 한번 뛰쳐나온 말은 바닥에 쏟은 물처럼 다시 주워 담을 수 없다는 거야. 이미 상대방은 기분이 불쾌해졌거나 감정이 생겨버리니 말실수를 한 후에 상대에게 이해를 구하거나 미안하다는 의사를 전달한들 무슨 소용이 있겠니.

그래서 말인데, 아빠는 네가 말을 하기 전에 깊이 생각을 한 후에 말을 하라고 조언하고 싶구나.

아빠가 주는 생각 한 토막

★ 상대방이 누구냐에 따라서 어떤 단어를 써야 할지 생각을 한다. 이를테면 윗사람에게는 반드시 존칭을 사용하고 같은 의미의 말일지라도 상대방을 존중하는 언어를 선택한다.

★ 상대방의 기분이 어떠한지 파악한 후 해야 할 말을 선택해야 한다.

★ 목소리를 잘 조절해라. 너무 크지도 않고 그렇다고 너무 작아 힘없는 목소리도 아닌 평상시의 톤을 유지한다.

08

편지를 쓰는 것은 마음을 전하는 일이다

요즘은 편지를 보내는 사람들이 많지 않다고 하더구나. 메일을 보내거나 휴대폰 번호만 누르면 해외에 있는 친구나 친척들과도 대화를 나눌 수 있으니 빠르고 간편한 방법을 택하는 것이겠지.

아빠가 10대였을 때는 편지를 쓰는 일이 많았단다. 지금처럼 휴대폰이나 인터넷메일이 없던 시대였으니 다른 도시에 사는 친척이나 친구 가족들에게 편지를 보내 안부를 묻고 소식을 전하는 것은 아주 흔한 일이지. 또 군인아저씨들에게 보내는 위문편지도 많이 썼고 초등학교 시절 은사님이나 친구들에게도 편지를 보내곤 했지. 방학이 되면 으레 친구들이나 선생님께 편지 보내기도 했지.

글을 쓰기 싫어하거나 글 쓰는 것에 부담을 갖는 사람들은 편지 쓰는 것을 싫어하는 편일 거야. 하지만 편지를 쓰는 것은 자신의 생각이나 마음을 전하는 일이고 그 글이 하나의 형식을 갖추기 때문에 감성과 문장력이 길러지는 좋은 계기가 된단다.

요즘 사람들은 예전의 편지 대신 메일을 많이 보낸단다. 하지만, 필요한 말 한두 가지만 간단히 적어 보내곤 하기 때문에 조금은 성의 없어 보이기도 하고 그 글에서 상대의 마음을 느끼기는 어렵단다. 메일뿐만 아니라 문자 메시지도 마찬가지인 것 같더구나. 한정된 공간에 문자를 넣어 보내야 하기 때문에 전달하고자 하는 내용은 최대한 함축되고 사용하는 언어 또한 표준어가 아닌 말들을 많이 사용하게 되지.

사랑하는 내 딸아!

아빠는 너에게 가끔씩은 편지를 직접 써서 우편으로 보내보라고 말하고 싶구나. 편지는 한 줄 한 줄 정성을 들여 쓰게 되는데다 너의 가슴 깊은 곳에 있는 마음을 상대에게 전하기 때문에 받는 사람은 무척이나 행복하고 기쁠 것이다. 너 또한 스스로의 삶을 매우 풍성하고 아름답게 만드는 것이 아닐까 싶단다.

방학기간 중에 친구나 선생님께 보내도 좋고 미국에 사는 이모나 사촌들에게 보내면 너무 반가워하겠지. 또 엄마나 아빠에게 꼭 하고 싶은 말이 있는데 직접 얼굴을 보고 말로 하기 보다는 글로 전하고 싶다면 편지를 보내도 좋은 방법이 될 거야.

한달에 한 통의 편지라도 너의 마음을 담아 우표를 붙여 보내는 것, 그것은 아주 즐거운 너만의 이벤트가 될 것 같지 않니.

아빠가 주는 생각 한 토막

★ 평소 고맙게 생각하는 사람들에게 편지를 보내 보자.

★ 친구들에게 예쁜 우표를 붙여 마음을 담은 편지를 써보자.

09

책은 많이 읽을수록 좋단다

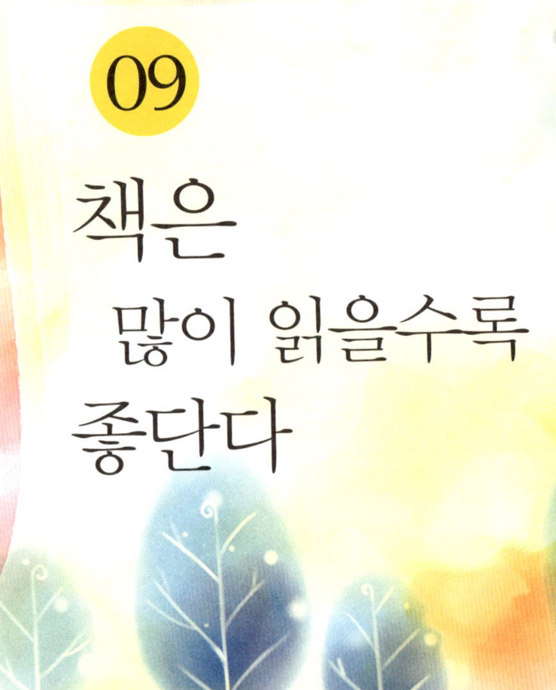

독립운동을 하다 목숨을 바친 안중근 의사는 '하루라도 책을 읽지 않으면 입안에 가시가 돋는다' 는 말을 했단다. 책을 읽는 것이 얼마나 중요한 것인가를 알려주는 명언이 아닐까 싶단다.

아빠는 지금 생각해보니 중학교 때와 대학교 때 책을 가장 많이 읽었던 것 같구나. 핑계 같긴 하지만 요즘은 늘 책을 읽어야 한다고 생각하면서도 일이 너무 바쁘다보니 한 달에 한 권의 책 읽기도 어려울 정도란다.

딸아! 책은 많이 읽으면 읽을수록 좋은 것이란다.

아무리 넘치게 읽어도 좋은 것이 바로 책이지. 우리가 살아가면서 알아야할 것들은 너무도 많단다. 너처럼 어린아이들은 학교 공부만 열심히 하면 된다는 생각을 할 수도 있겠지만 세상은 그렇지 않단다. 학교 공부는 세상을 살아가기 위해 필요한 기본적인 지식과 훗날 네가 하고자 하는 일을 위한 전문지식 위주로 짜여져 있을 뿐이란다.

오히려 교과서가 아닌 다른 책들 속에 다양한 지식들이 숨어 있고 세상을 살아가는데 필요한 영양제 같은 소중한 것들이 들어 있단다. 또 사람들은 모든 것들을 일일이 다 찾아다니며 배우고 익힐 수는 없는 일이기에 책을 통해서 느끼고 배우는 간접체험을 하게 되는 것이란다.

네가 읽어야 할 책들은 셀 수 없이 많단다. 유명작가들의 시집, 수필, 소설, 위인전, 성공한 사람들의 이야기, 세계 각국의 풍물과 역사에 관한 책 등 1년, 2년 동안이 아니라 수십 년 동안 꾸준히 읽어도

다 읽을 수 없을 만큼 많은 책들이 있단다. 때문에 책은 늘 너와 함께 있어야 하는 너의 또 다른 선생님이자 너의 친구인 셈이지.

아빠는 어렸을 때 시골에서 살았던 이유로 많은 책을 접하지는 못했단다. 주로 선생님들이 읽을 책을 구해다주시곤 하셨어. 하지만 너는 마음만 먹으면 얼마든지 읽고 싶은 책을 읽을 수 있으니 너에게는 큰 행운이 주어진 셈이지. 언제든지 학교 도서관이나 구립도서관에서 빌려서 읽을 수도 있고, 보관하고 싶은 꼭 필요한 책은 서점에서 구입하여 읽을 수도 있으니 얼마나 다행스럽고 좋은 일이니.

딸아! 네가 궁금해 하는 것, 네가 좋아하는 것, 네가 알지 못했던 것 등등 모든 것이 책 속에 들어있단다. 이제부터는 책과 좀더 가까이 지내보지 않겠니.

아빠가 주는 생각 한 토막

★ 늘 책을 가지고 다니자. 여행을 할 때 버스나 기차를 타고 이동할 때 책을 가지고 있으면 자연스럽게 읽게 된다.

★ 부모님이나 선생님으로부터 좋은 책을 추천 받는다.

★ 그림이 없고 무거운 글일지라도 필요한 책이라면 인내심을 갖고 읽어야 한다.

★ 하루에 많은 독서를 하기 보다는 매일같이 꾸준히 하는 것이 좋다.

10

엄마에게서 많은 것을 보고 배워라

하루 중에서 네가 가장 많이 보는 사람은 선생님과 친구들 그리고 엄마이겠지. 학교에서는 선생님이 네가 궁금해 하는 것이라든가 어려운 일이 있으면 해결을 해주시듯이, 집에서는 엄마가 엄마로서의 역할 외에도 선생님 역할까지 다 해주실 거란다. 물론 아빠가 집에 있고 엄마가 직장에 나가시면 아빠가 엄마의 몫을 대신해야겠지만 지금은 엄마가 가사와 너를 돌보고 계시니 아빠보다는 엄마가 너를 도와줄 수 있는 기회가 많을 거야.

딸아! 아빠는 너에게 이런 말을 하고 싶구나. 엄마

는 이 세상에서 가장 훌륭한 너의 스승이라고. 그러니 늘 엄마를 잘 따르고 함께 많은 대화를 나누었으면 한단다.

아이들은 엄마를 단지 자신들에게 밥 해주고 청소해주고 돌봐주며 사랑해주는 엄마의 역할만 가능하다는 생각을 할지 모른단다. 하지만 엄마를 통해서 네가 배우고 얻을 수 있는 것은 수없이 많단다.

엄마가 시장에 갈 때 한번 따라가 보렴. 야채나 과일 생선은 어떤 것이 신선한 것이며 같은 종류의 제품일지라도 어떤 것이 더 저렴하고 실속 있는 제품인지를 너는 옆에서 보고 배우게 된단다. 또 집에서는 할머니, 할아버지께 어떻게 대하고 음식을 만들 때는 어떤 재료로 어떻게 요리하는지도 어깨너머로 자연스럽게 배울 수 있을 거야.

그것뿐만이 아니란다. 엄마는 너보다 27년을 더 살지 않았니. 그렇다면 엄마는 네가 아직 경험해 보지 못한 많은 것들을 알지 않겠니? 자신의 경험을 통해 알게 되고 얻게 된 것들을 너에게 알려주실 거란다.

예를 들면 친구와 다투고 난 후에 화해를 하려면 어떻게 하는 것인 좋은 방법인지. 남자 친구가 친하게 지내자는 편지를 보내왔는데 네가 어떻게 해야 하는지. 어려운 친구가 있는데 네가 어떻게 친구를 도와줄 수 있는지 등등.

물론 네가 엄마를 선생님처럼 존경하고 따를 때 엄마는 한결 즐거운 마음으로 너의 궁금증을 풀어주실 거야.

아, 그러고 보니 정말 가장 중요한 것을 말하지 않았구나. 엄마는 너와 같은 여자란다. 여자이기에 사춘기 이후 몸 관리나 행동에 있어서 어떻게 해야 하는지에 대해 엄마는 아주 상세하게 잘 알려주실 거란다. 이 부분에 관한 한 아빠보다는 엄마가 훨씬 더 편하고 훌륭한 너의 스승이 되어 주실 거야.

아빠가 주는 생각 한 토막

★ 엄마는 이 세상에서 가장 훌륭한 너의 스승이니 늘 엄마를 잘 따르고 함께 많은 대화를 나누자.

★ 엄마를 따라 시장에 가보는 것도 많은 것을 배울 수 있는 기회다.

11

질투는 좋지 않은 것이란다

보통 사람들은 여자들이 질투를 많이 하는 것처럼 말하곤 하지. 특히 외모에 대해 더욱 그렇다는 생각을 갖고 있을 거야. 아빠의 생각은 다르단다. 질투란 남자든 여자든 아이든 어른이든 모든 사람에게 생겨날 수 있는 것이라고 생각한단다. 다만 그것을 자제하려고 노력을 해야 하는 것이 중요하단다.

질투란 자기보다 나은 사람을 시기하여 미워하는 감정을 말하는데 그 정도가 지나치면 심한 증오나 적의를 품는 경우도 있지. 보통 질투는 경쟁의식에서 생기는 것인데 질투의 상대가 자신이 소중하게 여기는 사람이나 어떤 자리를 빼앗아가는 것은 아닌가 하는 걱정이 생겨 그 경쟁상대를 미워하고 원망하게 되는 거야.

아빠는 이런 생각을 하지. 질투가 심한 것은 자신 스스로 상대보다 부족하다거나 못났다는 것을 인정하는 것이나 다름없는 일이기에 아예 질투를 하지 않는 것이 바람직하며, 자신도 모르는 사이에 그런 의식이 생겼다면 스스로 억제하려고 노력해야 된다고.

질투가 심해져 상대를 증오하거나 미워하게 되면 그것은 불필요한 곳에 자신의 에너지를 낭비하는 셈이 된단다. 질투는 하면 할수록 그 깊이가 더해져 결국에는 그로 인해 많은 시간을 고민하고 신경을 곤추세우게 되며 그 이전에는 상상도 할 수 없었던 좋지 않은 생각도 하게 될 거야.

가끔씩은 필요한 질투도 있을 거야. 예를 들면 공부나 스포츠 또는 그 외의 특기 등에서 너보다 더 잘하는, 아니면 동등한 수준의 상대를 지나치게 의식한 나머지 질투심을 가질 수도 있단다. 하지만 질투란 그 정도가 심할수록 보다 좋은 생각으로 이어지지 않는데다 비생산적인 일이 된단다. 그러니 이런 경우마저도 차라리 선의의 경쟁으로 마음을 바꿔먹고 너 스스로 노력을 하는 것이 훨씬 효과적이고 아름다운 일이란다.

아빠가 주는 생각 한 토막

★ 질투란 남자든 여자든 아이든 어른이든 모든 사람에게 생겨날 수 있는 것이다.

★ 가끔씩은 필요한 질투도 있지만, 대부분 질투를 하는 것은 불필요한 곳에 자신의 에너지를 낭비하는 셈이 된단다.

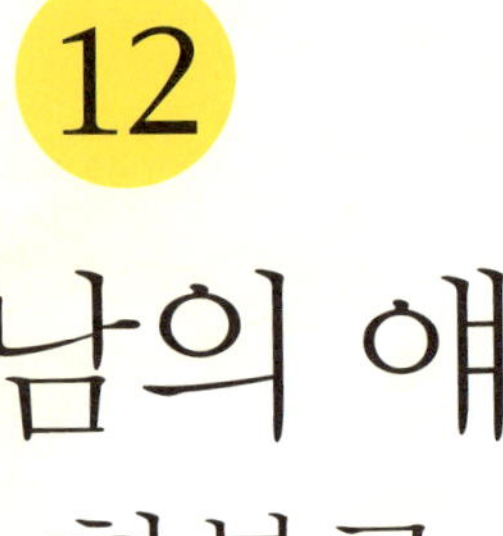

12

남의 얘기는 함부로 하지 말라

세상이란 사람들이 서로 어우러져 살아가는 공간이다 보니 모든 일들이 사람과 사람의 관계 속에서 생겨나고 이루어진단다. 너도 마찬가지지. 학교에서는 친구와 선생님들, 집에서는 우리 가족들, 그리고 밖에서는 친구들이나 주변사람들이 함께 있기 마련이고 그 속에서 너의 하루하루가 엮어질 거야. 그런데 우리는 때로는 의도적으로, 또 때로는 무의식적으로 곁에 있지 않은 다른 사람들의 얘기를 하는 경우가 많단다.

사람끼리 서로 의지하고 부딪히고 그렇게 살다보

니 남의 얘기를 하는 것은 어쩌면 당연한 일일지도 모른다. 하지만 네가 꼭 명심해야 할 것은 남의 얘기를 할 때는 가능한 좋은 얘기만 하는 게 좋다는 점이야. 상대가 없는 자리에서 그 사람을 칭찬하고 좋은 점을 말하는 것은 얼마든지 좋은 일이지. 하지만 가끔씩은 무의식적으로 또는 의도적으로 다른 사람의 단점이나 마음에 들지 않는 행동 등에 대해서도 말할 수 있지 않겠니?

"영미는 남자애들 앞에서 너무 잘난 척을 하는 것 같아. 그렇지 않니."

"11동에 사는 수철이라는 애 있잖아. 그 애는 5반에서 공부를 제일 못한다잖아. 그런데도 학원은 열심히 다니더라."

수진이라는 친구가 이런 말을 너와 네 친구에게 했다고 치자. 당사자가 없는 곳에서 흉을 보거나 단점을 말하는 것 자체가 나쁜 거란다. 만일 수진이의 말을 들은 친구들 중 누군가가 영미나 수철이에게

수진이가 한 말을 전한다면 영미와 수철이는 가만히 있지 않을 테지. 수진이는 아주 난처한 입장에 처하게 될 거야.

사람들은 자신에 대한 좋지 않은 이야기들을 누군가가 또 다른 사람에게 했다면 직접 말한 것보다 오히려 더 불쾌하고 화가 나게 된단다. 설령 A라는 친구가 너에게 잘못을 했다거나 화나게 만들었다할지라도 A에 대한 너의 감정을 친구들에게 하는 것은 좋은 일이 아니란다. 정말 네가 몹시 기분이 상하고 불쾌했다면 상대에게 너의 생각이나 감정을 직접 말하는 것이 가장 현명한 일이란다. 그로인해 또 다른 문제가 발생해서 네가 감당하기 힘들 정도가 됐다면 그때는 선생님이나 엄마에게 말씀드려야겠지. 하지만 아주 사소한 일이라면 누구에게도 말하지 말고 너 스스로 해결하거나 참아주는 것이 좋단다.

그러니 남의 얘기를 다른 사람들에게 하게 될 때

는 칭찬이나 좋은 말만 하도록 해라. 네가 좋은 뜻으로 다른 사람들을 칭찬한다면 그들과 너는 전보다 더 친한 사이가 될 수 있단다.

아빠가 주는 생각 한 토막

★ 남의 얘기를 할 때는 가능한 좋은 얘기만 하도록 해라.

★ 네가 몹시 기분이 상하고 불쾌한 일이 있다면 상대에게 너의 생각이나 감정을 직접 말하는 것이 가장 현명한 일이란다.

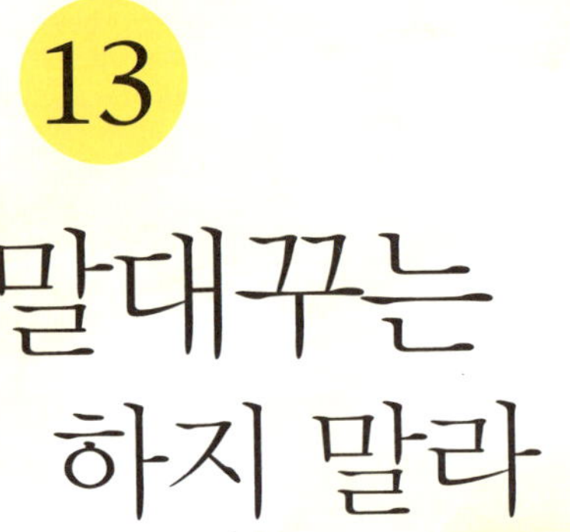

13

말대꾸는 하지 말라

"어른이 말씀하시는데 그게 무슨 버릇없는 짓이야."

"감히 누구 앞에서 말대꾸야."

동생이나 친구 또는 주변의 누군가가 윗사람에게 이렇게 혼이 나는 것을 보고 들은 적이 있을지 모르겠다. 우리 생활주변에서 심심찮게 목격할 수 있는 일이니까.

사람들은 대체적으로 자신보다 나이가 어린 사람이 말대꾸를 하는 것에 대해 무척 불쾌하게 여기면서 상대를 예의나 버릇이 없는 사람이라고 꾸짖는 편이지.

누구에게나 자신의 생각이나 의견을 밝힐 자격이 있으며 기회 또한 주어져야 한단다. 큰 죄를 저지른 죄인들도 자신들의 입장이나 생각을 밝힐 기회가 주어지는데 주변사람들과의 생활 속에서 잘못한 일이 있다고 해서 전혀 말할 기회도 주어지지 않는다는 것은 불합리하고 평등하지 못한 거란다.

하지만 말대꾸는 이것과는 조금 다르게 보아야 할 것 같구나. 이를테면 누군가 잘못을 했을 경우 그것에 대해 윗사람이 꾸짖고 있는 상황에서 오히려 자신의 입장을 강조하거나 잘못을 인정하지 않는 듯한 말을 하는 경우라고 보면 되지. 동료들과 말할 때도 마찬가지지만 어른들이 말할 때는 특히 신경을 써야 하는 것이 바로 이런 거란다. 윗사람이 어떤 말을 하고 있을 때는 일단 들어주는 것이 기본적인 예의인 거야. 먼저 충분히 상대의 말을 들은 후에 자신에게 말할 기회가 주어졌을 때 솔직하게 자신의 생각을 밝히는 것이 예의이고 말대꾸가 아닌 자기의사표현이 되는 거란다.

또 사람들은 자신이 화가 나 있을 때 아랫사람이 말대꾸를 하면 더욱 화를 내거나 못 참아 한단다.

그래서 말인데. 딸아! 혹시 네가 어른들로부터 꾸지람을 받는 상황이 생기면 먼저 윗사람의 충고나 설명을 충분히 들은 후 너에게 말할 기회를 주면 그때 너의 잘못에 대해 인정을 하고 용서를 구해라. 하지만 네가 잘못한 것이 없는데 상대가 오해를 하고 있거나 잘못 알고 있다면 솔직하게 너의 입장을 밝혀라. 다만 한 가지 조심해야할 것이 있단다. 그것은 가능한 목소리를 높이지 말고 감정이 섞이지 않은 침착한 어조로 말하는 것이란다.

아빠가 주는 생각 한 토막

★ 윗사람이 어떤 말을 하고 있을 때는 일단 들어주는 것이 기본적인 예의다.

★ 먼저 충분히 상대의 말을 들은 후에 자신에게 말할 기회가 주어졌을 때 솔직하게 자신의 생각을 밝히는 것이 예의이고 말대꾸가 아닌 자기의사표현이 되는 거란다.

14

일기에 너의 마음을 흠뻑 담아라

일기를 쓰는 것은 매우 소중한 일이란다. 자신이 생활한 하루를 기록하고 이를 통해 반성과 새로운 다짐을 할 수 있다면 너무도 좋은 일이지. 어디 그뿐이겠니. 일기를 쓰다보면 너 자신도 모르는 사이에 문장력도 길러지게 된단다. 그런데 아빠가 너에게 일기와 관련해서 한 가지 해주고 싶은 말이 있구나. 이건 아빠의 경험이나 마찬가지인데 너에게도 알려주면 좋을 것 같아서 하게 됐단다.

일기를 쓸 때 반드시 하루의 일과를 나열하거나 꼭 기록해두고 싶은 내용을 적어두는 것도 좋겠지.

하지만 가끔씩은 너의 일과를 시나 또 다른 형태의 글로 쓰는 것도 아주 뜻있고 매력 있는 일이란다. 그것은 너의 마음을 보다 더 감성적으로 풀어놓을 수 있기 때문이지.

일기는 누구에게 보여주기 위한 글이기 보다는 자신 스스로의 생활을 그려 넣는 글이니만큼 어떻게 써야 한다는 특별한 형식을 따라갈 필요는 없단다.

슬픈 일이든 기쁜 일이든 그 당시의 네 마음을 그대로 맘껏 글로 옮겨 놓기만 하면 되는 것이란다. 자신의 감정에 충실하여 모든 것을 속 시원하게 일기장에 털어놓는 순간 너의 마음은 한결 가벼워지거나 더욱 기쁠 거야.

딸아! 아빠는 그랬단다. 일기의 3분의 1은 아빠 스스로에게 묻는 형식의 글이나 물 흐르듯이 단숨에 읽혀지는 시처럼 썼단다. 그 당시는 잘 몰랐었지. 하지만 시간이 흘러 먼 훗날 그 글들을 보니 나만의 시가 이렇게 여러 편 있다는 사실에 놀랐고 내 감성의 깊이가 꽤나 깊었음을 다시 알게 됐단다. 그리고 그런 일기쓰기가 지금 아빠가 나의 직업을 더욱 사랑하고 만족스러워 할 수 있도록 만든 밑거름이었다는 생각도 하게 되지.

아빠가 주는 생각 한 토막

★ 일기를 쓸 때 가끔씩은 일과를 시나 또 다른 형태의 글로 써보아라.

★ 일기는 슬픈 일이든 기쁜 일이든 그 당시의 네 마음을 그대로 맘껏 글로 옮겨 놓기만 하면 되는 것이란다.

순간순간에 최선을 다해라

어른이 되면 어린아이로 돌아가고 싶고, 아빠 같은 40대 중년이 되면 20대 젊은 시절로 돌아가고 싶은 게 모든 사람들의 마음이란다. 지금은 네가 쉽게 이해가 안 될지도 모르겠지만 사람들은 태어나서 성장을 지속하다가 어느 순간에는 성장이 멈춰지고 나이를 먹을수록 서서히 늙어 가는 자신을 발견하게 되지. 100세를 넘기는 사람들도 있지만 대부분의 사람들은 80세 내외에서 자신의 삶을 마감하게 된단다. 그러니 우리가 살아가는 오늘 하루하루가 얼마나 소중한 시간인지 모른단다.

네가 초등학교 입학하던 시간이 다시는 너에게 오지 않듯이 시간이란 흐르는 물과 같아서 한번 지나고 나면 다시 돌아오지 않거든. 그렇다면 우리는 우리에게 주어진 시간을 알차고 뜻있게 그리고 아껴야 하지 않겠니. 이런 까닭에 아빠는 네가 순간순간 최선을 다하는 사람이 되어주길 바란단다.

아빠가 너처럼 어렸을 때는 빨리 고등학생이 되고 싶었고 고등학생이 되었을 때는 옷도 자유롭게 입고 친구들과 여행도 마음껏 떠날 수 있는 대학생이 되고 싶었지.

가끔씩은 너도 빨리 커서 여고생이 되고 또 능력을 맘껏 발휘하며 신나게 일하는 사회인이 되고 싶기도 할 거야. 그러나 사람은 누구나 나이를 먹기 때문에 네가 조급하게 기다리지 않아도 언젠가는 여고생, 여대생, 사회인, 엄마가 되는 시간들이 온단다.

누구든지 자신에게 다가올 시간을 재촉할 필요는 없는 거지. 정말 필요한 것은 자신에게 주어진 시간을 최대한으로 잘 활용하여 시간이 흐른 먼 훗날 뒤돌아 볼 때 스스로 '아, 나는 열심히 생활했어' 라든가, '정말 최선을 다했어' 라는 말을 할 수 있어야 된단다.

순간순간을 열심히 살지 않고 무의미하게 흘려보낸 사람들은 언젠가는 반드시 후회를 한단다. '그때 시간을 알차게 보냈어야 했는데……' 라면서.

딸아! 너는 절대로 시간이 흐른 뒤에 너의 과거를 기억하면서 아쉬워하거나 후회하지 않길 진심으로 바란단다.

아빠가 주는 생각 한 토막

★ 자신에게 주어진 시간을 최대한으로 잘 활용하여 먼 훗날 후회 없는 삶을 되돌아볼 수 있기를 바란다.

★ 사람은 누구나 나이를 먹기 때문에 어른이 되고 싶다고 너무 조급해 하지 마라.

16

후회 보다는 반성을 해라

이 세상 어떤 사람이든 자신이 한 일의 결과에 대해 늘 만족하는 사람은 없단다. 인간은 신이 아니기에 완벽해질 수는 없단다. 때로는 실수를 하기도 하고 능력이 부족하거나 노력을 충분히 기울이지 않아서 자신의 기대에 못 미치는 결과를 얻게 될 수도 있는 거란다. 중요한 것은 후회를 할 것인가, 아니면 반성을 할 것인가, 둘 중 하나일 것 같구나.

딸아! 아빠는 네가 후회 보다는 반성을 하는 사람이 되어주길 원한단다.

언젠가 너는 만들기 숙제를 해놓고 나서 만족스럽지 않아 침울해 하고 있던 적이 있었지. 아빠, 엄마는 네가 너무 실망하는 것 같아 걱정을 했는데 이튿날 너는 이렇게 말했지.

"어제 만들기는 보통 세 시간 정도는 정성을 기울여 만들어야 했어요. 그런데 친구하고 박물관 가기로 한 약속 때문에 제가 두 시간 만에 급하게 만들다보니 만족스럽지 않은 작품이 나온 것 같아요. 앞으로는 충분한 시간을 갖고 최선을 다하여 만들어 볼 거예요. 아빠가 그랬잖아요. 똑같은 실수는 두 번 반복하지 말라고요."

그때 아빠, 엄마는 네가 만든 만들기가 대회에 나가 대상을 받은 것보다도 더 기뻤단다. 너 스스로 네가 한 일에 대해 반성을 하고 앞으로의 각오를 보여주는 모습이 너무 예쁘고 대견스러웠던 거야.

지나간 일들을 놓고 '내가 왜 그랬지', '정말 나 자신이 이해가 안돼', '너무 안타까워. 잘했어야 했는데' 식의 후회를 하는 것은 아무런 소용이 없는 것을 너는 이미 잘 알고 있는 것 같더구나.

그래, 지나간 일에 대해 후회는 하지 마라. 반성을 통해 무엇이 문제였는지를 생각해보고 앞으로는 더 노력하고 잘해야겠다는 생각을 하는 사람이 정말 멋진 사람 아니겠니.

후회는 늘 그 자리에 머물러 있게 되지만 반성은 더 높은 자리로 오를 수 있는 활력소가 된단다.

아빠가 주는 생각 한 토막

★ 인간은 신이 아니기에 누구나 실수를 하고 잘못을 저지른다.

★ 지나간 일에 대해 후회 보다는 반성을 하는 사람이 되어주길 바란다.

17

뿌리에 대해 생각해 보아라

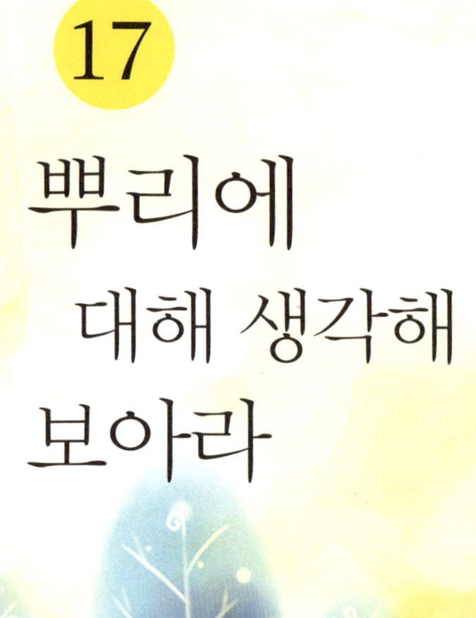

요새는 자기 성이나 이름에 대해 생각하는 사람이 많지 않은 것 같구나. 하지만 네가 가진 성은 오랜 시간동안 같은 핏줄을 가진 사람들이 이어온 성이란다.

'나는 ○○ 김씨의 ○대손입니다' 라는 말을 들은 적 있지? 그것은 아주 오래 전 조상들이 이어온 성이자, 그 시조로부터 내가 몇 대째인지를 알려주는 말이란다. 그러니까, 아빠가 지금 35대 손이니까 너는 36대가 되는 거란다. 네 뿌리에 대해 아는 것은 너의 정체성을 다시 한번 생각하게 해 주고 긍지를 갖게 한단다. 한번 생각해 보렴. 네 할머니, 할아버지보다 훨씬 오래 전에 살았던 분들이 어떻게 사셨을지, 그리고 어떻게 훌륭한 사람이 되셨는지를 알면 너에 대해 훨씬 자부심을 갖게 될 거야.

딸이라서 결혼하면 의미가 없지 않느냐고? 그렇지는 않단다. 외국에서는 결혼하면 여자가 남자 성을 따르게 되지만, 우리나라는 여자는 그대로 자기 성을 쓰지 않니. 나중에 아이를 갖게 된다면 그때 그 아이는 아빠의 성을 따르게 되겠지만, 엄마 쪽의 가족에 대해서도 궁금해 할 거란다. 그때 아이에게 확실히 말해 주고 역사에 대해 들려 줄 수 있다면 네가 느낀 자부심을 전해 줄 수 있을 거란다.

또 네 이름이 어떤 뜻인지를 한번쯤 되새겨 줬으면 좋겠구나. 아빠, 엄마, 또 할머니, 할아버지가 네가 태어났을 때 얼마나 고심하면서 네 이름을 지었는지. 네 이름에는 미래에 대한 소망, 그리고 네가 그렇게 자라 주었으면 하는 소망을 담았어. 네 이름에는 우리 모두의 사랑이 담겨 있는 것이란다.

아빠가 주는 생각 한 토막

★ 할머니, 할아버지가 어떻게 살았을지 생각해 본다.

★ 네 이름이 어떤 뜻인지를 한번쯤 되새겨 보길 바란다.

18

다이어트에 신경 쓸 필요는 없단다

언젠가 뉴스에서 이런 기사를 읽었단다. 요즘 10대 여학생이나 20대 여성들은 자신의 체중이 정상인데도 불구하고 살이 쪘다고 고민을 하는 사람들이 많다더구나. 심지어는 여대생이 다이어트를 하다가 사망을 하는 일까지도 있었다는구나.

여성은 여성 특유의 아름다움이란 것이 있기에 세상 모든 여성들은 조금 더 날씬하고 갸름한 얼굴의 미인이 되려는 성향이 짙단다. 현대사회에서 이런 여성 심리는 10대 소녀들에게도 큰 영향을 미치고 있어 많은 학생들이 살찌지 않으려고 다양한 노력을 기울이는 것이 사실이야. 너도 가끔씩은 살이 찔 것을 걱정하여 음식을 먹을 때 신경을 곤두세우고 있는 것 같더구나.

딸아! 아빠는 간절히 바란단다. 너는 지금 매우 예쁘고 건강하단다. 통통한 것은 비만이 아니라 건강하고 아름다운 거란다. 대부분의 사람들은 너무 말라서 걱정스러워 보이는 사람보다는 약간 살이 있어서 건강해 보이는 사람을 좋아한단다. 그러니 너는 굳이 다이어트에 관심을 갖지 않아도 될 것 같구나.

너는 지금 소녀야. 이제 막 성장기에 접어든 소녀이기에 고른 영양섭취를 통해 건강한 몸이 만들어져야 하는 시기인 만큼 편식하지 않고 규칙적인 생활을 하면서 식사는 단 한 끼도 거르지 말고 제때에 챙겨먹어야 한단다. 살이 찔 것을 염려하여 배가 고픈데도 간식을 먹지 않는다거나 끼니를 거른다면 너의 신체적 성장에 오히려 나쁜 영향을 미칠 수가 있는 거란다.

설령 너보다 체중이 더 많이 나가는 비만 친구들일지라도 끼니를 거르는 것은 위험한 일이란다. 비만일 경우 체중을 조절하고 싶다면 의사 선생님으로부터 정확한 진단을 받은 후 운동과 식사량 조절요법을 함께하는 것이 바람직한 것이지.

내 딸, 우리 공주야! 아빠의 말은 진실이라고 믿고 있지. 오늘부터는 살 때문에 고민을 하거나 스트레스 받는 일은 없어야 된단다. 알겠니.

아빠가 주는 생각 한 토막

★ 대부분의 사람들은 너무 말라서 걱정스러워 보이는 사람보다는 약간 살이 있어서 건강해 보이는 사람을 좋아한단다.

★ 체중이 많이 나가는 비만 친구들일지라도 끼니를 거르는 것은 위험한 일이란다.

19

글씨는 네 얼굴이다

"옛날 사람들은 글씨를 잘 썼는데 요즘 아이들은 글씨가 엉망이야."

아빠는 사회생활을 하면서 주변 사람들로부터 이런 말을 자주 듣는단다. 요즘 아이들이라고 해서 다 글씨를 못 쓰는 것은 아니지. 하지만 아빠가 생각하기에도 컴퓨터를 접하기 이전의 사람들과 어렸을 때부터 컴퓨터를 생활화한 너희 세대와는 분명한 차이가 있더구나.

요즘 어린이들이나 젊은 세대들은 컴퓨터로 대화를 나누고 컴퓨터에서 많은 정보를 얻는 것이 생활이 되다 보니 예전 사람들에 비해 직접 글씨를 쓰는 일이 줄어들었지. 하지만 아무리 정보화 사회라고 할지라도 직접 연필이나 만년필로 글씨를 쓰는 일이 완전히 사라질 수는 없을 거란다.

예로부터 '글씨는 그 사람의 마음이자 얼굴이다'라고 했단다. 글씨를 휘갈겨 쓰거나 서로 크기가 맞지 않게 쓴다면 보기에도 좋지 않고 읽기도 불편하겠지. 그러나 그것이 전부는 아니란다. 낙서하듯이 정성을 들이지 않은 글씨를 보면 글씨를 쓴 사람의 마음이 심란하고 뭔가 불만이 많은 사람이 아닌가 하는 의심마저 들게 된단다.

하지만 반듯하고 예쁘게 쓴 글씨는 누가 보더라도 차분해보이고 안정감이 느껴져 기분이 좋아지는 거란다. 그리고 고운 마음씨와 참한 인상의 얼굴일 것이라는 생각을 갖게 한단다.

붓글씨, 그러니까 서예를 즐기는 사람들을 보면 더 쉽게 알 수 있지. 한 자, 한 자 쓸 때마다 심혈을 기울여 쓰지 않니. 마음을 가다듬고 정성을 쏟는 순간 그 사람은 글씨와 하나가 되는 거란다.

딸아! 너의 글씨를 보면 비교적 차분하게 잘 썼다는 생각을 한단다. 하지만 가끔씩은 무언가에 급한 상황이었는지 정신없이 써내려간 듯한 글씨도 있더구나. 너의 공책이나 일기장을 누군가가 보지 않는다 할지라도 가급적이면 바르고 정확하게 그리고 예쁘게 글씨를 쓰는 습관을 가졌으면 한단다.

아빠가 주는 생각 한 토막

★ 글씨는 그 사람의 마음이자 얼굴이다.

★ 예쁘게 글씨를 쓰는 습관을 가졌으면 한다.

어떤 사람이 되고 싶은지를 생각해보아라

학교에서도 이런 말을 자주 들을 거야. "커서 뭐가 되고 싶니?" 아마도 너를 비롯한 친구들은 가수나 연예인, 선생님, 우주비행사 등등 수많은 직업들을 말하겠지. 물론 이것도 소중한 꿈이란다. 나중에 무엇을 하고 싶은가 하는 것에 대해 미리 생각하고 꿈을 키워가는 것도 좋아. 이런 꿈들을 키워가면서 나중에 훌륭한 일을 하는 사람도 많으니까. 세계적으로 훌륭한 일을 하는 사람들은 어릴 때부터 자기 꿈을 갖고 노력해서 일궈낸 사람도 많단다.

하지만 앞으로 어떤 일을 하게 될까는 네가 커가

면서 만나는 사람들과 네 노력에 따라 달라질 수도 있어. 많은 꿈을 갖는 건 좋은 일이란다. 여러 가지 꿈을 가지면서 많이 배울 수 있으니까 말이야.

그래서 이 말을 먼저 해 주고 싶구나. 직업은 언제나 바뀔 수 있지만, 네가 어떤 사람이 되는가는 바뀌지 않는단다. 먼저 커서 어떤 사람이 되고 싶은지를 생각해 봤으면 해.

위인전을 읽으면 그 사람들의 생활 습관이나 생각을 보면서 감탄을 많이 하게 돼. 그 사람들이 위대한 인물이 되는 건 그 사람들의 직업 때문이 아니란다. 대신 좋은 생각을 갖고, 올바른 일을 하기 때문에 존경받는 것이지. 아마 너도 그런 위인들의 이야기를 읽으면서 대단하다는 생각을 해 봤을 거야. 그런 사람들의 좋은 생각과 습관이 그 사람들이 위대한 인물이 될 수 있었던 밑바탕이란다.

또 일상생활에서도 이런 점은 상당히 중요하단다. 친구들과 앞으로 네가 만나게 될 사람들이 너를 어떤 사람으로 보는지, 그리고 이 사람이 믿을 수 있는지 등 이와 같은 인간관계를 만들어 갈 때 중요한 것이기 때문이란다.

꼭 한번쯤 생각해 보렴. 네가 주변 사람들에게 어떤 존재가 되고 싶은지, 그리고 앞으로 네가 커서 어떤 일을 해 내고 싶은지. 상냥한 마음으로 사랑받는 사람이 되도 좋고, 큰일을 성공적으로 이뤄내는 추진력을 가진 사람이 되어도 좋고, 좋은 습관과 생각을 갖고 있어서 남에게 존경받는 사람이 되는 것도 좋단다.

주위에서 네가 존경할 만한 사람이 있다면 그 사람을 네 목표로 삼고 배워보는 건 어떻겠니? 착한 친구도, 운동을 잘하는 친구도, 상냥한 선생님도, 많은 걸 가르쳐 주는 친절한 동네 아주머니도 모두 네게 많은 걸 가르쳐 줄 수 있는 사람이란다.

아빠가 주는 생각 한 토막

★ 훌륭한 사람들의 이야기를 읽고 이 사람에게서 배울 점이 뭔지 생각해 봐라.

★ 주변 사람들에게서 배울만한 점을 먼저 찾아봐라.

21

약속을 소중히 해라

살아가면서 다른 사람들과 가장 많이 하는 게 약속이란다. 시간 약속도 있고, 함께 무언가를 하자는 약속도 있고, 뭔가를 꼭 하겠다는 약속도 있지. 너도 약속을 꼭 지키란 말은 많이 들었을 거야.

약속을 한다는 건 다른 사람과 믿음을 주고받는 거란다.

네가 엄마와 방을 청소하겠다는 약속을 했다고 하자. 약속을 할 때, 엄마는 네가 꼭 그것을 해 줬으면 하는 것도 있지만, 네가 할 수 있다고 믿기 때문에 약속을 하는 거란다. 상대방과 무언가를 하기 위해선 서로 믿지 않으면 이런 약속은 할 수가 없지.

학교 숙제도 선생님과의 약속이란다. 하루쯤 안 하면 어때? 할 수도 있지만, 선생님은 너와 반 친구들에게 약속을 하는 거란다. 꼭 배워야 하는 것이니, 꼭 필요하니 선생님이 숙제를 내 주는 것 아니겠니. 할 수 있다는 믿음이 있는 것이니 숙제를 주는 것이고.

너도 믿는 친구가 절대 비밀을 얘기하지 않을 거란 걸 믿고 약속을 할 거 아니니? 그러니, 약속을 깨는 건 네가 상대방과의 믿음을 깨는 것과 똑같은 것이란다.

그리고 약속을 지키면 너도 기분이 좋을 거야. 숙제를 다 마치고 상쾌하게 학교에 가면 기분이 좋지? 그리고 엄마랑 약속한 걸 지켜주면 엄마가 얼마나 기뻐하시는지 너도 알지?

작은 약속이라도 꼭 지키고 소중히 하겠다는 마음을 가졌으면 좋겠구나.

아빠가 주는 생각 한 토막

★ 지킬 수 있는 약속과 지키기 힘든 약속을 먼저 구별해 보렴. 지키지 못할 약속이면 왜 지키지 못할 것인지 설명하고, 상대방에게 미안하다고 말해라.

22

공부보다 더 재미있는 취미를 가져라

공부해서 지식을 쌓는다는 건 참 중요한 일이다. 나중에 무엇을 하든 지식이 없으면 안 되고, 지금 네가 학교에서 배우는 것들은 나중에도 꼭 알아야 할 소중한 지식이란다. 많은 걸 배우고 경험을 많이 할수록 너의 세상은 더 넓어지고, 풍성해지기 마련이야.

하지만, 공부만큼 중요한 게 또 있어. 네가 좋아하고, 재미를 느낄 수 있는 취미가 있는 것이란다. 취미는 평생 네 생활을 풍요롭게 해 주고, 행복하게 만들어 주는 좋은 것이야.

좋아하는 걸 하다보면 너 스스로도 더 열심히 하게 되지 않니? 취미를 가지면 공부하다 힘들 때 다시 기분전환도 할 수 있고, 또 공부에서 배울 수 없는 많은 걸 알게 될 수 있단다.

하지만 재미있는 걸 찾는다고 무조건 노는 거나 컴퓨터 게임만을 말하는 것은 아니야. 피아노 학원이나 태권도 학원 등 학원에서 다른 걸 배우는 친구들을 보면 다른 무언가 특기를 가지고 있다는 게 부럽지 않니? 특히 이 중에서도 네가 좋아하는 걸 찾아서 해 보고 싶다는 생각이 들면 꼭 해보라고 권해주고 싶구나.

네가 푹 빠질만한 취미를 갖게 되면 많은 걸 배울 수 있단다. 취미와 관련된 것 뿐 아니라 같은 걸 좋아하는 사람들도 만나 재미있게 놀 수 있고, 나중에는 더 큰 꿈을 가지고 취미를 네 직업으로 택할 수도 있겠지.

하지만 그렇다고 공부를 뒷전으로 해선 안 되겠

지. 공부하는 짬짬이 취미활동을 하는 것이 좋단다. 그러면 학교에 안 가는 날이나 쉬는 날에 심심해하면서 TV나 보고 있는 일은 없을 거야. 재미있는 걸 찾아서 한다는 것은 네게 도움이 될 뿐 아니라 네 생활을 더 활기차게 해 줄 것이란다.

아빠가 주는 생각 한 토막

★ 좋아하는 것이 어떤 것인지, 그리고 지금 무엇을 정말 하고 싶고, 배우고 싶은지를 생각해 보렴.

★ 공부하는데 부담이 될 것 같으면 어떻게 하는 게 좋은지 먼저 물어보아라.

자신 스스로를 되돌아보아라

가끔 하루가 너무 짧다는 생각이 들지? 아빠 어렸을 때도 그랬단다. 학교 다녀와서 숙제하고, 친구들이랑 놀고, 저녁에 가족들과 함께 있다보면 하루가 금방 갔었지.

하지만 딸아, 하루가 너무 짧다고, 아니면 너무 길다고 생각될 때, 잠시 네가 보낸 하루의 생활을 되돌아보렴. 아니면 무언가 빈 듯한 기분이 들 때, 내가 요새 어떻게 지냈는지 조용히 생각하는 시간을 가졌으면 좋겠구나.

하루는 누구에게나 24시간이라는 시간이 공평하

게 주어진단다. 그 시간을 어떻게 보내느냐에 따라서 내일이 달라진단다. 오늘, 어제, 이렇게 하루씩 쌓인 시간이 한달이 되고, 일년이 되는 거라는 것은 너도 알고 있지? 시간의 중요성은 이미 말했지만, 정말 중요한 것이기에 다시 한번 말하는 것이란다.

특히나 지금 말하고 싶은 건, 하루 24시간, 한 달 30일 중 단 십분, 한 시간만이라도 스스로 널 돌아보는 시간을 가졌으면 하는 것이란다. 하루하루를 정신없이 바쁘게 보내다 보면, 아무리 좋은 것이라도, 너에게 필요한 것이라도 그냥 잊어버리고 놓치는 경우도 많아. 그리고 네가 잘못한 것, 잘한 것도 같이 잃어버리기 일쑤란다.

하루하루 네가 어떻게 살고 있는지, 그리고 무언가 부족한 것이 없었는지 조용히 되돌아보는 시간을 가졌으면 좋겠구나. 자기 생활을 뒤돌아보면 후회할 일도 피해갈 수 있단다.

아빠가 주는 생각 한 토막

★ 하루는 누구에게나 24시간이라는 시간이 공평하게 주어진단다.

★ 네 생활이 어딘가 부족하고 잘 안 된다고 느껴질 때 한번 자신을 조용히 되돌아보는 시간을 가져보렴.

24

상상력을 많이 가져라

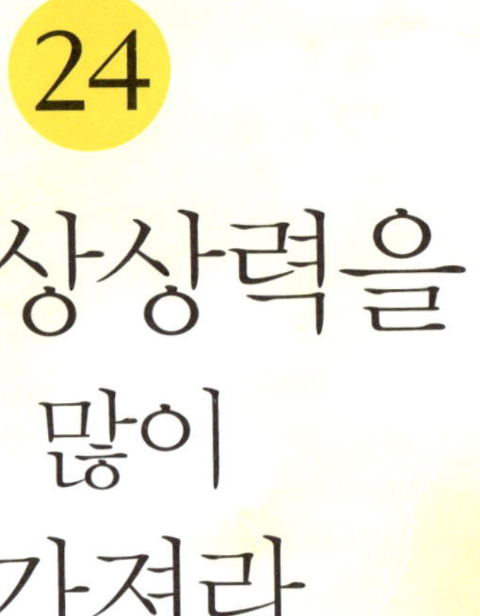

꿈이 많은 우리 딸아, 오늘은 어떤 희망의 꿈을 꾸고 있니? 네가 상상하고 있는 것이 어떤 것인지 궁금하구나.

네 나이 때는 상상속의 친구를 만들기도 하고, 미래 내 모습에 대해 그려보기도 하고, 짧게는 친구를 만날 때 어떤 말을 할까를 상상하기도 할 거야. 이런 상상들을 많이 해 보렴. 상상을 많이 해보는 건 결코 네게 나쁘지 않단다. 창의력을 길러줄 뿐만 아니라 네게 더 많은 기회를 줄 수도 있지. 그리고 상상력이 풍부한 사람은 많은 것을 만들어 낼 수도 있단다.

발명왕이었던 에디슨을 너도 알고 있지? 에디슨은 어릴 때 남들이 보기에 엉뚱할 정도의 생각을 많이 했던 사람이란다. 닭이 달걀을 품고 있는 걸 보고 자기가 품으면 어떻게 될까 궁금해서 달걀을 품고 있기도 했고, 학교에 입학해선 온갖 상상을 하느라 공부를 안 해서 머리가 나쁜 아이라는 평가를 받기도 했지.

하지만 나중에는 어떻게 됐니? 전구를 발명해 전 세계 사람에게 빛을 가져다주고, 수도 없이 많은 발명품으로 지금까지도 위대한 사람으로 존경받고 있단다. 그렇다고 에디슨처럼 공부를 안 하고 상상만 하는 것은 좋지 않지만, 이런 풍부한 상상력을 갖는 것은 많은 것을 해 낼 수 있는 바탕이 된단다.

아마 네가 아빠보다 더 풍부한 상상력을 가지고 있을 거야. 가끔 네가 하는 말을 들으면 깜짝깜짝 놀란단다. 어쩌면 저렇게 생각할 수 있을까. 어쩌면 저런 말을 할 수 있을까 하고 말이야. 아빠도 어렸을 땐 아마 그랬을 지도 모르겠지만, 사람은 크면 그런 생각을 하기 힘들어진단다. 그러니 딸아, 너는 상상력이 풍부한 사람이 되었으면 좋겠구나.

아빠가 주는 생각 한 토막

★ 너는 어떤 것을 상상하고 있는지 말해 보렴.

★ 풍부한 상상력을 갖는 것은 많은 것을 해 낼 수 있는 바탕이 된단다.

25

인사를 잘 하면 누구나 좋아한다

엄마나 아빠 그리고 선생님에게만 인사를 잘하면 된다는 생각을 갖고 실제로 그렇게 행동하는 아이들도 있을 것이다. 과연 인사란 나와 아주 가까운 사람들에게만 해야 되는 것일까?

어른들은 가끔씩 이런 말을 하기도 하지

"205호에 사는 여자애는 어쩌면 그렇게 인사를 잘 하는지 몰라. 너무 귀엽다니까."

"아파트 앞 식당 막내딸 있잖아. 아니 그 애는 인사성이 없더라고. 늘 봐도 모른 척 하고 지나간다니까."

딸아, 너는 사람들로부터 칭찬을 받는 아이가 되고 싶니? 아니면 인사를 잘 하지 않는 예의 없는 아이가 되고 싶니?

아빠는 널 인사 잘하는 착한 아이라고 믿고 싶단다. 물론 집에서는 엄마, 아빠에게 인사 잘하는 착하고 예쁜 딸이지만 행여 밖에서는 인사를 잘 하지 않는 아이라는 소리를 들어서는 안 된다는 의미지.

인사란 서로에 대한 인간관계의 확인인 동시에 서로 믿고 함께 더불어 사는 아름다운 세상을 만드는 기본이 된단다. 집에서나 학교에 인사를 잘 하는 것은 기본이지. 그리고 길을 가다 이웃집에 사는 어른들을 만났다거나 언니, 오빠들을 만났을 때 반갑게 인사를 하는 것은 아주 기본적인 예의범절을 지키는 것이지. 친구에게도 마찬가지란다. 만날 때 그리고 헤어질 때 "친구야, 안녕" 또는 "잘 가. 내일 또 보자 "라며 손을 흔들어주면 마음이 즐겁지 않니.

설령 네가 낯선 외국땅에서 어떤 사람과 눈이 마주쳤다고 치자. 친한 사이는 아니기 때문에 인사말까지 곁들일 필요는 없겠지만, 적어도 고개를 숙여 가볍게 목례를 하거나 손을 들어 가볍게 흔들며 미소를 짓는 것은 매우 바람직한 모습이고 너 자신은 물론이고 상대의 마음을 즐겁게 해준단다.

인사 잘하는 것은 하나의 좋은 습관이란다.

"안녕하세요."

"안녕히 계세요."

"안녕히 주무세요."

"친구야 오랜만이야, 그 동안 잘 지냈어."

인사 잘하는 습관을 지닌 사람은 사람을 만나면 먼저 이런 인사말이 저절로 나온단다.

아빠가 주는 생각 한 토막

★ 인사란 나와 아주 가까운 사람들에게만 해야 되는 것일까?

★ 인사란 서로에 대한 인간관계의 확인인 동시에 서로 믿고 함께 더불어 사는 아름다운 세상을 만드는 기본이 된단다.

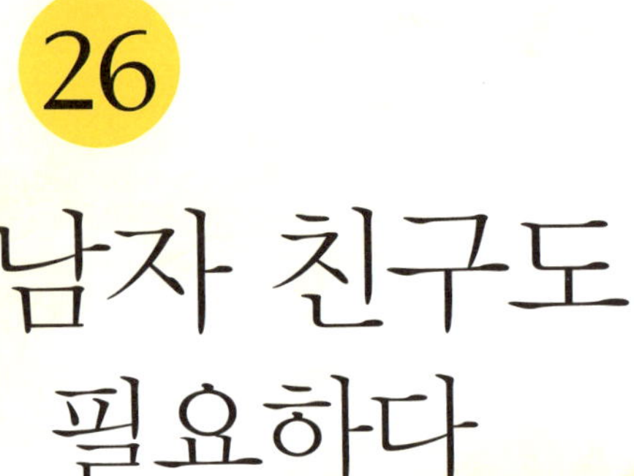

26

남자 친구도 필요하다

너희 또래의 아이들이나 사춘기에 접어든 소녀들 중에는 친구는 여자이어야 하며 남자는 절대 친구가 될 수 없는 이성이라고 생각하기도 한단다. 아빠는 바람직한 생각이 아니라고 말하고 싶구나.

친구란 아무런 조건 없이 서로 믿고 마음을 나누며 좋은 인간관계를 유지해나가는 소중한 사람이란다. 이런 관계가 오랫동안 지속될수록 우정은 더욱 깊어져 평생 동안 서로를 지켜보며 이끌어주고 도와주는 소중한 친구로 남게 된단다.

상대가 이성인 남자라는 이유만으로 친구가 될 수 없다는 생각은 하지 마라. 물론 여자 친구에 비해 남자 친구는 부담이 될 수밖에 없는 것은 사실이란다. 함께 시간을 보낼 장소, 대화, 놀이 등이 동성의 친구와는 다를 수밖에 없고 때로는 제한적이어서 여자 친구를 사귀는 것이 한결 홀가분하고 마음은 편하겠지. 하지만 남자 친구에게서는 동성인 여자 친구에게는 없는 또 다른 점을 느낄 수가 있으며 너로 하여금 이성에 대한 부담감을 덜어주고 이해심 또한 넓힐 수 있는 계기를 가져다준단다.

이성 친구와 훗날 네가 어른이 되어 사랑하게 될 남성과는 엄격히 달라야 하며 실제로 다르다는 것을 명심해라. 친구는 친구 그 이상도 이하도 아니란다. 특히 너는 아직은 육체적 · 정신적으로 덜 성숙한 미성년자인 10대인 만큼 남자 친구는 그저 편한 친구로만 받아들이고 그 친구와 허물없이 지낸다면 그것은 매우 좋은 일이지.

사랑하는 딸아! 너에게 친한 남자친구가 생기면 집으로 데리고 오렴. 부모님들이 이해할 수 있는 좋은 친구라면 너에게는 더없이 편하고 좋은 친구가 될 거란다.

아빠가 주는 생각 한 토막

★ 상대가 이성인 남자라는 이유만으로 친구가 될 수 없다는 생각은 하지 마라.

★ 이성 친구와 훗날 네가 어른이 되어 사랑하게 될 남성과는 엄격히 달라야 한단다.

좋은 습관을 지닌 사람이 되어라

네가 엄마, 아빠에게 갖는 제일 큰 불만이 뭘까? 아빠가 생각하기에는 '이거 해라, 저거 해라' 하면서 잔소리 하는 게 제일 싫을 것 같은데, 맞니?

아빠도 어렸을 때 그런 소리가 제일 듣기 싫었단다. '왜 엄마, 아빠는 저런 말을 하지? 그런 게 뭐가 중요하다고…….' 하면서 말을 안 듣기 일쑤였지. 그런데, 지금 생각해 보니 그건 내가 좋은 습관을 갖길 바라던 부모님의 마음이 담긴 것이더구나.

가령 방청소 하라는 잔소리를 엄마가 했다고 하자. 내일 또 똑같아질 걸 왜 청소하지 하겠지만, 네

손으로 청소하고 한번 보렴. 엄마가 하는 것보다는 부족하지만, 물건을 네가 필요한 대로 정리하고 깔끔하게 해 두면 다음에 방에 들어갈 때 기분 좋은 느낌이 먼저 들 거야. 그리고 물건이 없어졌다고 찾는 일로 시간을 버릴 일도 없겠지? 그래서 그런 잔소리를 하는 거란다. 그리고 청소를 해볼수록 더 잘할 수 있게 되겠지. 그럼 네게는 청소라는 좋은 습관이 하나 생기는 거란다.

아빠가 말한 건 정말 작은 예란다. 좋은 습관이라는 건 많으면 많을수록 좋아. 아침에 일찍 일어나 운동을 한다든가, 나갔다가 들어와선 손을 꼭 씻는다든가, 밥을 먹을 때 잘 먹겠습니다, 잘 먹었습니다 하는 인사를 하는 것이나, 음식을 꼭꼭 씹어 먹고 쩝쩝 소리를 내지 않는 것들, 역시 작은 일들이지만 습관을 들이면 좋은 일은 이외에도 많단다. 좋은 습관을 가지면 그 습관이 네 생활을 더 아름답게 해 줄 뿐 아니라 많은 사람들이 네 습관을 칭찬할 거란다.

아빠가 주는 생각 한 토막

★ 좋은 습관이라는 건 많으면 많을수록 좋아.

★ 엄마, 아빠의 잔소리는 네가 좋은 습관을 갖길 바라는 부모님의 마음이 담긴 것이란다.

28

좋은 친구는 네 잘못을 지적해주는 사람이다

딸아, 친한 친구들이 몇 명이나 되니? 가장 소중하고 중요한 친구들을 꼽으라면, 너도 한두 명을 제일 우선으로 할 거야. 그 친구들은 네게 중요한 사람들이고, 앞으로도 우정을 다져갈 소중한 사람들이란다.

그런데, 그 중에서도 네가 생각해야 할 것이 있단다. 좋은 친구란 뭐라고 생각하니? 너랑 재밌게 잘 놀고 얘기가 통하는 친구도 중요하겠지. 그리고 널 아껴주고 사랑해 주는 친구도 있을 거야. 그 친구들은 모두 소중하단다. 그래도 아빠가 해 주고 싶은 말은, 네 잘못을 지적해 주는 친구가 정말 좋은 친구라는 점이란다.

물론 잘못을 지적받는 건 기분이 안 좋은 일이긴 해. 잘못했다고 생각하고는 있어도 남의 입에서 그런 소리를 들으면 기분 나쁘기 마련이란다. 하지만 그런 말들을 그냥 기분 나빠 하기만 해서는 안 된단다. 그런 말 중에는 정말 널 비난하는 소리도 있을 수 있지만, 좋은 친구가 해 주는 지적은 네게 꼭 필요하기에 해 주는 말이란다.

좋은 친구는 네 잘못을 보면 그냥 덮어주기 보다는 고쳐야 된다고 솔직히 말해 주는 사람이야. 그건 널 아끼기 때문에, 다시는 그런 잘못을 되풀이 하지 않기를 바라서 해주는 말이니까. 그런 말을 해주는 친구가 있다면, 화 먼저 내지 말고 다시 한번 그 친구의 말을 생각해 보렴. 정말 친하고 좋은 친구라면 네게 조심스레 그런 말을 꺼낼 것이고, 너 또한 그 친구와의 우정을 생각하면 화를 내는 대신 한 번 더 생각해 보게 될 거야.

아빠 생각에, 그런 친구를 얻기는 참 어렵더구나. 하지만 그런 친구는 네 거울이 되어 줄 것이란다. 네 잘못을 비추어 주고 고칠 수 있게 해주는 그런 사람이지. 만약, 네 주변 사람이 너를 생각하는 마음에 네가 저지른 잘못을 지적한다면, 그땐 그 사람이 네게 좋은 친구가 될 수 있다는 뜻이니 그 사람을 소중히 대해주렴.

아빠가 주는 생각 한 토막

★ 좋은 친구란 뭐라고 생각하니?

★ 네 거울이 되어줄 친구를 얻기란 쉽지 않다.

29

메모 습관을 들여라

문자로 기록하는 습관을 갖는 것은 매우 좋은 일이란다. 내일 학교에 가져갈 준비물, 책을 읽고 깊은 감명을 받았던 위인들의 명언, 앞으로 일주일간 반드시 해야 할 일 등을 수첩에 적어놓는 것을 메모라고 한단다.

메모가 중요한 이유는 단 한 가지. 해야 할 일과 준비해야 할 것 그리고 잊지 말아야 할 이름이나 전화번호 등을 메모해두면 결코 잊지 않는다는 것이지.

초등학교 어린이라면 학교에서 공부를 하고 돌아와 학원에 다녀오고 엄마 심부름을 하고 숙제를 하다 보면 친구에게 책을 빌려주기로 했던 약속이나 저녁을 먹고 약을 먹는 것 또는 다음날 학교에 가져가야 할 준비물을 챙기는 일 등을 깜박 잊고 지나갈 때가 있단다.

아이들만 잊어버리는 것은 아니란다. 어른들도 마찬가지로 일이 정신없이 바쁘다 보면 며칠 전에 한 친구들과의 약속이나 낮 시간에 은행에 다녀와야 했던 일을 잊는 경우가 종종 있지.

사람들 중에는 자신의 기억력이 좋다는 것만 믿고 메모를 하지 않는 사람들이 있다. 하지만 누구든 자신의 기억력을 100% 믿을 수는 없단다. '원숭이도 나무에서 떨어질 때가 있다'는 속담을 들어 본 적이 있니. 쉽게 말하면 기억력이 아무리 좋고 지능지수가 아무리 높다 할지라도 자신도 모르는 사이에 중요한 일을 잊고 넘어가는 경우가 있지.

사람은 한번 입력해 두면 지워지지 않는 컴퓨터와는 다르단다. 하는 일이 바쁜 사람일수록, 고민이나 걱정거리가 많은 사람일수록 꼭 기억해야 할 것들을 잊는 경우가 흔하단다.

딸아! 너는 메모하는 습관을 갖고 있니. 단지 학교 준비물이나 숙제 정도만 메모를 하는 것은 아닌지 모르겠구나. 메모는 네가 기억해 두어야 할 것이라면 무엇이든 좋단다. 메모 하는 습관을 갖는 것은 그만큼 네가 기억해야 할 많은 것들을 잊지 않게 되는 일이니 너의 생활에 큰 도움이 된단다. 이것은 어른이 되어서도 마찬가지란다.

아빠가 주는 생각 한 토막

★ 메모하는 습관을 가져라.

★ 사람은 한번 입력해 두면 지워지지 않는 컴퓨터와는 다르단다.

IQ는 숫자에 불과하단다

어떤 사람들은 자신의 지능지수 즉 아이큐(IQ)만 믿고 공부를 게을리 하는 사람들도 있단다. 아이큐가 높다는 것은 머리가 좋다는 증거지. 그렇지만 아이큐 높은 사람이 반드시 공부를 잘하고 성공하는 것은 아니란다.

유명한 과학자 에디슨은 이렇게 말했단다. '천재는 99%의 노력과 1%의 영감으로 만들어진다' 라고. 이 말은 아이큐가 높다는 것은 단지 숫자에 불과하다는 것을 의미한단다. 누구든지 노력이 중요하다는 말이지.

사람들 중에는 요행을 바라는 이들도 있고 자신의 아이큐만 믿는 이들이 있지만 이들은 결코 성공할 수 없단다. 노력은 땀이고 땀은 곧 결실을 뜻한단다. 성공한 사람들은 하나같이 남다른 피눈물 나는 노력을 기울이고 어려운 일들을 극복하면서 자신이 원하는 것을 이루었단다.

딸아! 학교에서 누군가가 아이큐를 말했을 때 비록 너보다 높다고 할지라도 부러워하거나 시기하지 마라. 너는 무엇이든 시작하면 최선을 다하려는 열의가 있고 늘 노력하는 편이니 네가 원하는 것을 꼭 이룰 수 있을 거란다. 아빠는 너의 그런 면을 너무도 사랑한단다.

너는 아빠의 아이큐를 몰랐을 거야. 아빠의 지능지수는 108이란다. 높은 편도 아니고 아주 낮은 편도 아니지만 고등학교시절 아빠는 전교에서 2등도 했고, 반에서 1등도 여러 번 했단다. 아빠 역시 노력을 많이 했단다.

또 한 가지 아이큐가 그다지 중요하지 않은 이유는 학교 공부를 떠나서 우리가 사회에 나가 일을 하고 사람들과 어울릴 때는 지능지수보다는 감성지수(EQ)가 높은 사람이 대인관계도 원만하고 창의력이 높아 늘 신선한 아이디어를 내놓는단다.

딸아! 잊지 말아라. 세상은 IQ보다는 EQ를 필요로 한다는 사실을.

아빠가 주는 생각 한 토막

★ '천재는 99%의 노력과 1%의 영감으로 만들어진다' 는 말을 잊지 말자.

★ 사회에서는 IQ(지능지수)보다는 EQ(감성지수)가 더 중요하단다.

31

남의 말에 귀 기울일 줄 알아야 한다

어떤 사람들은 자기 말만 열심히 하고 남의 말에는 관심을 두지 않는 사람들이 있어. 이런 사람들일수록 이기적이고 남을 위한 배려심도 없으며 무엇이든 자기가 최고라는 생각을 한단다.

독불장군(獨不將軍)이라는 말이 바로 이런 사람들을 두고 하는 말이란다. 독불장군이란 남의 말은 듣지 않고 자기 생각만 옳다고 생각한 나머지 모든 일을 혼자서 처리하는 사람을 말한단다. 늘 이렇게 행동하는 사람은 언젠가는 자기 착각에 빠져 큰 실수를 저지르게 되며 그 정도가 심하면 사람들로부터

외면당하는 외톨이가 될 수도 있단다.

일상적인 대화를 나눌 때도 남의 말을 잘 들어주면 상대는 매우 흐뭇해하고 네게 호감을 느낄 거야. 또 특히 남의 말에 귀를 기울여야 할 때가 있단다. 네가 어떤 중요한 결정을 내릴 때, 경험하지 못했던 새로운 일을 시작할 때, 고민에 빠져서 갈등을 느낄 때일수록 남의 말에 귀를 기울이면 큰 도움이 된단다. 네 경험 뿐 아니라 남의 경험도 받아들여서 더 나은 생각을 할 수 있기 때문이지.

남의 말에 귀를 기울이라는 것은 남의 말을 전적으로 따르라는 것은 아니란다. 너보다 경험이 많고 나이가 많은 사람들의 경우 너에게 좋은 조언과 충고를 해줄 수 있는 사람들이기에 귀를 기울이는 것이 좋단다. 반면 경험도 부족하고, 생각도 부족한 사람이 네게 주는 충고는 다시 한번 생각해 보려무나. 네가 생각하기에도 이 말이 옳다, 아니다를 다시 한번 생각해 볼 수 있을 거야. 그리고 조언을 구

할 때는 네가 믿을 수 있는 사람들의 의견을 되도록 많이 듣는 것이 좋단다.

아빠가 주는 생각 한 토막

★ 독불장군처럼 자기 생각만 옳다고 생각한 나머지 모든 일을 혼자서 처리하지 마라.

★ 남의 말에 귀를 기울이라는 것은 남의 말을 전적으로 따르라는 것은 아니란다.

32

아끼고 저축하는 습관을 가져라

딸아! 부자들의 공통점이 무엇인지 아니?

요즘 부자들 중에는 거액의 복권 당첨이나 기업 경영을 통해 부자가 된 사람들도 있지. 또 거액의 유산을 상속받은 사람도 있고 그 외의 다른 방법을 통해 부자가 된 사람들도 있단다. 하지만 우리 주변에서 만나는 평범한 서민이 부자가 된 경우 그들은 하나같이 아끼고 저축을 하여 부자가 된 사람들이란다.

돈은 쓰기는 쉽지만 벌기는 힘든 것이어서 돈을 적게 벌든 많이 벌든 늘 아끼고 저축하는 습관을 갖는 것은 매우 중요한 일이지. 이런 습관은 어린시절부터 꾸준히 길들여져야 하는 좋은 습관 중 하나란다.

부자가 된다고 해서 행복도 저절로 오는 것은 아니다. 그렇다고 가난한 것이 아름다운 것만도 아니다. 돈이 너무 없어 가난하면 늘 힘들게 살 수 밖에 없으므로 돈은 남에게 빌리지 않고 살 수 있을 정도는 가지고 있어야 되지. 하지만 부자가 되어 자신이 가진 것의 일부라도 가난하고 어려운 이들을 위해 나누며 산다면 그것은 매우 보람 있는 삶이고 값진 삶이란다.

딸아! 아빠는 네가 부자가 되기를 바란다. 네가 부자가 되어 많은 이들을 돕고 살 수 있게 된다면 그것은 매우 훌륭한 일이니 아빠로서는 더 이상 바랄 것이 없을 거란다.

노트 한 장, 연필 하나, 쌀 한 톨이라도 아끼고자 노력하는 것은 매우 아름다운 일이란다. 음식물을 필요 이상으로 준비하여 남기면 결국 음식물 쓰레기가 생겨나고 이런 일이 반복되면 엄청난 낭비를 하게 되는 셈이지. 어디 그뿐이겠니. 환경오염도 심각해지겠지.

우리가 살아가는 지구촌의 자원은 언젠가는 고갈되고 만단다. 대체 에너지와 대체 자원이 생겨나기도 하겠지. 하지만 현재로서는 모든 자원을 아끼는 것이 최선의 길이란다. 생활 속에서 아끼고 저축하는 노력을 하는 사람들이 많으면 많을수록 우리의 후손들은 더 나은 환경에서 안정적으로 함께 살아갈 수가 있을 거야.

아빠가 주는 생각 한 토막

★ 부자가 된다고 해서 행복도 저절로 오는 것은 아니다. 그렇다고 가난한 것이 아름다운 것만도 아니다.

★ 돈은 쓰기는 쉽지만 벌기는 힘든 것이다.

스스로에게 '할수 있다'는 최면을 걸어라

'모든 일은 마음먹기에 달렸다' 고들 하지. 이 말은 틀린 말은 아닌 것 같더구나.

어떤 일을 할 때 또는 새로운 도전을 할 때 '나는 할 수 있다' 라든가 '꼭 해내고 말거야' 라는 마음으로 임하면 자신이 갖고 있는 능력 이상의 결과를 얻기도 한단다. 반대로 '내가 그걸 어떻게 해' 라든가 '나는 자신 없어' 라는 생각을 한다면 결과는 안 좋게 나타난단다.

아빠는 그간 살아오면서 이 같은 경험을 여러 차례 했단다. 때문에 언제부터인가는 늘 '나는 할 수 있어' 라는 마음가짐으로 임한단다.

사랑하는 딸아!

너 스스로에게 '나는 잘 할 수 있다' 는 최면을 걸어보지 않겠니.

미국의 실리콘 밸리에 있는 한 한국인 여사장은 고등학교만 졸업하고 혼자서 미국으로 건너가 유명하고 우수한 기업들이 모여 있는 실리콘밸리에서 기업을 성공적으로 이끌어 '성공신화를 탄생시킨 여사장' 이 되었단다. 그녀가 성공하는데 가장 큰 힘이 된 것은 스스로에게 '나는 할 수 있어' (I Can Do)를 외쳤다는구나.

나는 그녀의 말에 적극 공감한단다. 사람은 자신이 어떻게 마음을 먹느냐에 따라서 노력이나 태도도 달라지고 그에 따라 성공과 실패가 결정된단다.

지금까지 네가 한번도 못 타보았던 스노우 보드를 친구들이 타러 가자고 한다면 가겠다고 말해라.

"나는 아직 한번도 못 타서 싫어"라고 말하지 말

고 "나도 연습하면 되겠지. 그래, 같이 가자"라고 자신 있게 말해라.

무엇이든 할 수 있다는 자신감으로 충만한 너는 훗날 멋진 성공 신화를 만들어 낼 거야.

아빠가 주는 생각 한 토막

★ 사람은 자신이 어떻게 마음을 먹느냐에 따라 성공과 실패가 결정된단다.

★ 너 스스로에게 '나는 잘 할 수 있다' 는 최면을 걸어보라.

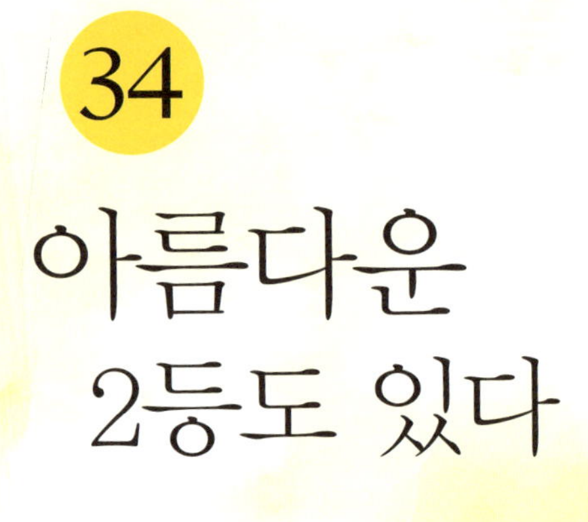

34

아름다운 2등도 있다

어떤 경쟁에서든지 최고가 되는 것은 좋은 일이다. 그러나 내 생각처럼 내 의지대로 모든 것이 잘 이루어지는 것은 아니므로 늘 1등만 하면서 살기란 결코 쉽지 않은 일이란다.

1등이 있으면 2등, 3등도 있고 꼴찌도 있을 거야. 마라톤 경기를 본 적이 있을 거야. 출발선은 모두가 같지만 경기장으로 들어와 가장 먼저 마지막 트랙을 돌아서 1등을 하는 사람은 단 한 사람인 거야. 그렇다고 사람들은 반드시 1등에게만 박수를 쳐 주는 것은 아니란다. 도중에 쓰러져 다리를 다쳤는데도 불구하고 마지막까지 최선을 다한 2등이나 3등에게 더 큰 박수를 쳐준단다.

네가 어떤 시험이나 대회에서 1등을 하지 못했다고 너무 슬퍼하거나 주눅 들지는 말아라. 스스로 생각했을 때 최선을 다하지 않았다면 그것을 반성하고 다음 기회에는 최선을 다하면 되는 거야.

만일 네가 온 힘을 모아 노력하고 최선을 다했어. 그런데도 2등 아니 10등을 했다고 치자. 그것은 절대 부끄럽거나 안타까워할 일은 아니란다. 최선을 다한 사람은 몇 등을 했는가가 중요한 게 아니라 최선을 다했다는 그 자체만으로도 아름다운 거란다.

사람은 기계가 아니란다. 늘 최고의 자리를 지키기도 힘들며 늘 1등을 할 수는 없단다. 사람이기 때문에 주변 환경이나 자신의 컨디션으로 인해 능력을 다 발휘하지 못하는 경우도 있고 작은 실수로 인해 기대했던 만큼의 결과를 얻지 못할 수도 있단다. 중요한 것은 최선을 다했는가란다.

모든 것에 최선을 다해라. 아빠는 늘 네가 최선을 다하는 모습 그 자체를 1등으로 여길 것이고 아름답다고 말할 거야.

아빠가 주는 생각 한 토막

★ 늘 1등만 하면서 살기란 결코 쉽지 않은 일이란다.

★ 최선을 다한 사람은 몇 등을 했는가가 중요한 게 아니라 최선을 다했다는 그 자체만으로도 아름다운 거란다.

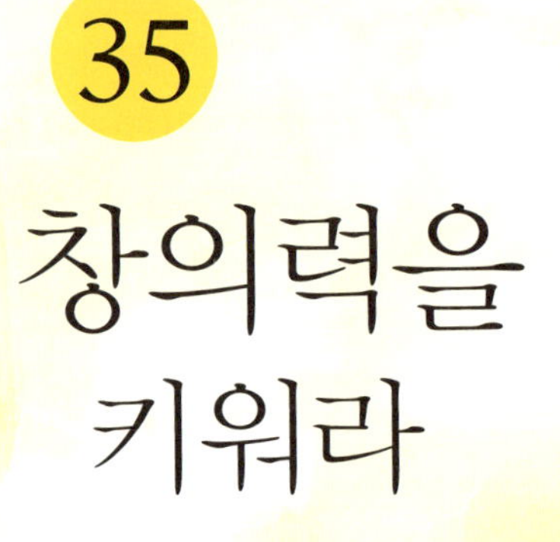

35 창의력을 키워라

상상력을 헛된 꿈, 쓸모없는 것이라고 부른 사람들이 있었단다. 그 사람들은 주어진 공부만 주어진 틀 안에서 열심히 했었지. 그래서 그들은 모범생이라고 불렸어. 하지만 모범생이 되었다고 그들이 행복했을까? 아니었단다. 결국 그 모범생들은 자신들이 할 수 있는 일이 그다지 많지 않다는 것, 일을 할 때도 공부를 할 때도 남들과 똑같을 수밖에 없다는 것을 깨닫고 크게 후회했지.

상상력이라는 것은 이렇게 우리의 삶을 윤택하고 즐겁게, 그리고 의미 있는 것으로 만든단다. 창의력도 마찬가지야. 창의력이 없다면 그 사람은 죽은 사람이나 마찬가지지. 그 누구도 창의력이 없는 사람에게는 "이 문제를 새롭게 해석해주세요."라든가, "이 일에 어떻게 대응해야 상대편이 깜짝 놀랄까요?"등의 질문을 결코 하지 않을 거야.

그럼 상상력과 창의력을 키우려면 어떻게 해야 할까? 우선 책을 많이 봐야 하지. 만화책도 좋지만, 소설책, 역사책, 위인전 등등 다양한 종류의 책을 읽는 것이 중요해. 세계적으로 유명한 감독인 스티븐 스필버그를 아니? 이 감독은 항상 넘치는 아이디어와 동료들을 놀라게 만들 정도의 풍부한 상상력으로 유명한 사람이지.

그런데 어느 날, 미국의 한 신문사에서 이 감독과 인터뷰를 할 때, "당신의 그 경이로운 상상력의 원천은 무엇입니까?"라고 물었단다. 그러자 스필버그 감독은 이렇게 말했지. "책에 있습니다. 저는 집에서 TV는 겨의 보지 않습니다. 대신 어렸을 때부터 항상 책을 손에 들고 있었죠. 지금 제가 만드는 영화들은 모두 어린 시절 읽었던 그 책들에서 아이디어를 빌려 온 것들입니다."

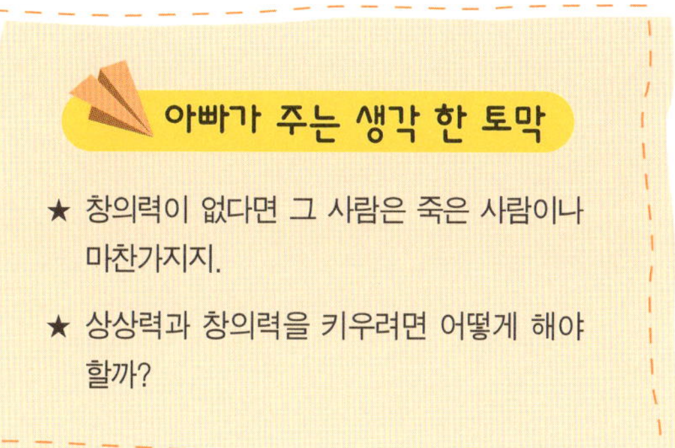

아빠가 주는 생각 한 토막

★ 창의력이 없다면 그 사람은 죽은 사람이나 마찬가지지.

★ 상상력과 창의력을 키우려면 어떻게 해야 할까?

36

항상 주변사람들을 아끼고 배려하라

가족, 친척, 친구, 선생님……. 자신의 주변에 있는 사람들에게 항상 고마워하고, 그들을 위해 무엇을 할 수 있는지 늘 생각해야 한다. 한번 생각해보자꾸나. 혹시 가족 없는 생활을 할 수 있니? 엄마, 아빠도 안 계시고, 동생, 오빠도 없는 그런 생활을 말이야.

처음 며칠 동안은 잔소리하는 사람도 없고, 공부하라는 말도 들리지 않으니까 좋을 수도 있지. 하지만 곧 혼자 있다는 것이 얼마나 외롭고, 무서운 것인지 깨닫게 될 거야. 그래서 어른들은 부모님이 돌아가시면 몇날 며칠을 우는 것이고, 멀리 떨어져 살면서도 중요한 일이 있을 때마다 찾아뵙는 것이란다. 부모님에게 이렇게 편지를 써보자. "엄마, 아빠가 계셔서 저도 이렇게 행복할 수 있어요. 사랑해요." 형제, 자매에게는 이렇게 말해보자. "○○야, ○○는 나에게 제일 소중한 보물이야. 우리, 항상 사이좋게 지내자."

친구들도 마찬가지지. 만일 친구가 한 명도 없다고 생각해봐. 기분이 어떨까? 학교에서 쉬는 시간에 혼자만 교실에 덩그러니 남아 있어야 하고, 도시락도 혼자 먹고, 하루 종일 누구 하나 말 걸어주지 않는다면, 너무 괴로워서 감당하지 못 할 거야.

이처럼 친구들은 우리의 삶에 있어서 없어서는 안 될 사람들이란다. 친구들이 있기에 우리는 즐겁고 활기차게 생활할 수 있고, 어려운 일이 있어도 함께 그 고통을 나눠가질 수 있는 것이지. 그러니까 오늘이라도 당장 친한 친구에게 이렇게 말해보자.

"친구야, 내 곁에 있어줘서 정말 고마워. 앞으로도 평생 너랑 이렇게 친한 친구로 남고 싶어."

아빠가 주는 생각 한 토막

★ 만일 친구가 한 명도 없다고 생각해봐.

★ 오늘이라도 당장 부모님과 친한 친구에게 사랑한다고 말해보자.

10년 단위로 장래계획을 세워라

계획을 세우는 사람과 세우지 않는 사람의 인생은 정반대란다. 계획이라는 것은 앞으로 자신이 어떤 일을 하겠다는 의지의 표현이라서, 정말 그 일을 성공하지 못한다 해도 적어도 절반 정도는 이루어내지. 하지만 계획조차 세우지 않은 사람은 그 무엇도 이루어 내는 것이 없어. 그래서 계획은 그 내용보다 세운다는 그 행동 자체에 더 큰 의미가 있는 것이란다.

자, 그럼 이제 자신이 하고 싶은 일에 대해 계획을 세워보자. 계획을 세울 때는 최대한 구체적으로 만드는 것이 좋아. 그래서 막연히 '난 비행기 조종사가 될 거야.' 라고 하는 것 보다는 '난 10년 뒤에 비행기 조종을 배우는 대학에 들어갈 거야.' 라고 구체적으로 세우는 편이 훨씬 더 좋지.

그리고 계획의 단위도 10년 주기로 하다 보면 자신의 장래와 계획에 대해 깊이 생각하게 된단다. 노트에다 20살의 내 모습, 30살의 내 모습, 40살의 내 모습을 차례차례 적어보렴. 그러다보면 자연스럽게 자신이 무슨 일을 하고 싶은지, 어떻게 살고 싶은지 알게 될 거야. 30살, 40살, 50살……. 나이가 점점 많아질수록 계획을 세우는 것이 막연하고 힘들 수도 있어.

그럴 때면 옆에 계시는 부모님과 선생님께 여쭤보렴. "선생님은 40살에는 무얼 하고 싶으세요?", "엄마는 40살에 했던 일 중에 뭐가 제일 자랑스러웠어?" 가까운 어른들의 말씀은 네가 계획을 세우거나 장래에 대해 고민할 때, 가장 좋은 충고가 된단다. 계획을 세우고 나면 친구들과 가족들이 모두 알 수 있도록 알리는 것도 중요해. 처음에는 쑥스럽겠지만, 이렇게 모든 사람들이 알아야 너도 '아, 이 계획을 꼭 지켜야지.' 하는 마음이 생긴단다.

아빠가 주는 생각 한 토막

★ 계획을 세울 때는 최대한 구체적으로 만드는 것이 좋아.

★ 계획을 세우고 나면 친구들과 가족들이 모두 알 수 있도록 알리는 것도 중요해.

38

옳다고 생각하면 당당하게 밝혀라

다른 사람들이 모두 “이건 네가 잘못 한 거야.”라고 말해도, 자신은 잘못한 것이 없다고 생각하면 당당하게 “난 내가 한 일에 잘못이 없다고 생각해.”라고 밝힐 줄 알아야 한다. 남들에게 잘 보이고 싶어서, 아니면 무서워서 진실을 말하지 않는 것은 어리석은 짓이야.

정말 잘 보이고 싶다면 자신이 옳다고 생각한 것을 밝혀, 오해를 풀거나 너에 대한 인식을 바꿔야 한단다. 그렇지 않고 속으로만 끙끙 앓고 있으면 어느 누구도 알아주지 않아. 여자라고 해서 얌전하고 조신하게 보이고 싶다는 마음 때문에, 아무 말 못 한다면 그건 더 바보란다. 여자이기 때문에 당당한 것이 더 아름다울 수 있는 거야.

그런데 자신이 옳다고 말할 때는 몇 가지 조건이 있어. 아무리 자신이 옳다고 해도 상대편을 잘못했다고 심하게 몰지 않을 것. 그리고 자신의 의견을 말할 때는 당당하고 자신감 있게 말할 것. 자기가 옳다고 다른 친구에게 "네가 완전히 틀린 거야. 이건 틀림없이 내가 맞아."라고 말하는 것은 좋은 태도가 아니란다. 이렇게 말하다 보면 너의 곁에 친구는 한 명도 남지 않을 거야. 대신 "난 내 생각이 이래서 저래서 옳다고 생각해. 넌 네가 왜 틀렸다고 하는지 그 이유를 말해주겠니?"라며 상대방도 납득할 수 있도록, 이유와 원인을 자세히 밝혀주고 상대방의 의견도 존중할 줄 알아야 한단다.

그리고 어른들에게 자신의 의견을 말할 때도 '난 아직 아이인데' 라며 주눅들 필요가 없어. 오히려

"전 이런 이유 때문에 제 의견이 옳다고 생각합니다."라고 당당하고 타당하게 밝히는 편이 더 낫단다.

아빠가 주는 생각 한 토막

★ "네가 완전히 틀린 거야. 이건 틀림없이 내가 맞아."라고 말하는 것은 좋은 태도가 아니란다.

★ 여자이기 때문에 당당한 것이 더 아름다울 수 있는 거야.

39

요리는 머리를 좋게 한다

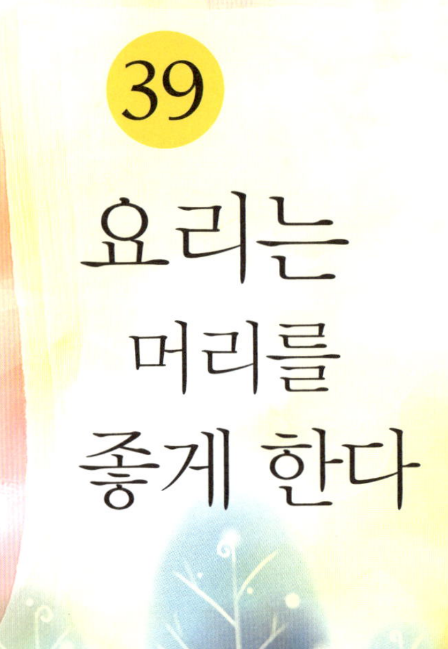

손을 많이 사용하는 사람들은 머리도 좋고, 장수한다는 사실을 아니? 예를 들어보면, 지휘자가 그렇단다. 지휘자는 항상 손을 사용해서 그런지 대부분이 오래 살고, IQ도 뛰어나다는구나. 우리가 일상생활에서 손을 가장 많이 사용하는 일이 뭐가 있을까? 컴퓨터 게임을 하거나 피아노를 치는 것도 손을 많이 사용하지만 다양하게 손을 사용하는 것은 아니지.

그에 비해 요리는 손만으로 모든 일을 하고, 또한 손을 다양하게 사용해야 하는 일이야. 생각해 보렴.

칼로 잘게 채 썰고, 다지고, 예쁘게 깎고 다듬고……. 거기다 손 전체를 이용해서 나물을 무치거나 밀가루 반죽을 주물럭거리기도 하지 않니? 우리가 언제나 볼 수 있는 요리라는 이 행동이 얼마나 우리에게 유용한 것인지 이제 알겠지?

하지만 요리는 아무것도 모른 상태에서 혼자서 하기가 힘든 것이란다. 계속 서서 해야 하는 작업이고, 칼을 사용하다 보면 베이거나 다칠 수도 있으니 조심해야지. 하지만 우리집의 요리 전문가인 어머니와 함께라면 즐겁게 할 수 있을 거란다. 요리를 하면서 머리도 좋아지고 어머니와 많은 이야기도 나누고, 이렇게 좋은 일이 또 어디 있겠니?

오늘 저녁은 어머니와 함께 된장찌개를 만들어 보는 게 어떨까? 요리가 처음이니까 우선은 재료 씻는 일부터 시작하렴. 손등에 부딪히는 차가운 물줄기를 느끼며, 늘 아무 생각 없이 먹던 된장찌개가 어떻게 만들어지는지 관찰하면서 즐겁게 만들어 보자꾸나.

아빠가 주는 생각 한 토막

★ 손을 많이 사용하는 사람들은 머리도 좋고, 장수한다는 사실을 기억하자.

★ 오늘 저녁은 어머니와 함께 요리를 함께 만들어 보는 게 어떨까?

40

누구에게나 다른 사람에게 없는 아름다움이 있다

학교에 가보면 한 반마다 공주님처럼 예쁜 아이가 한 명씩은 있지? 동그랗고 귀여운 눈에 피부도 뽀얗고 하얀데다, 공부도 잘해서 항상 인기 넘버원이지. 그런 아이를 보고 있다보면 '난 왜 이렇게밖에 못 생겼을까?' 라고 자책감이 들고, 더 예쁘게 낳아주지 못한 부모님이 원망스럽기도 하겠지.

하지만 가만히 살펴보면 너에게는 있지만 그 공주님에게는 없는 것들이 한두 가지는 있기 마련이야. 가령, 공주님은 코가 낮지만, 너는 오똑하게 솟은 예쁜 콧등을 가지고 있지. 그리고 너에게는 길고

가느다란 손가락이 있지만, 공주님의 손은 뭉툭하게 못 생긴 손이 아니니? 공주님이 공부를 잘한다고 하지만 시험점수도 좋을 뿐이지, 독후감이나 발표는 네가 훨씬 더 잘하지.

이렇게 하나하나 뜯어보다보면 이 세상 사람 중 못 생긴 사람이 없단다. 누구나 적어도 하나쯤은 다른 사람보다 더 예쁘고, 훨씬 뛰어난 구석이 있기 마련이야. 그러니까 네가 공주님에게 주눅들 필요도, 너보다 못 생겼다고 보이는 아이를 무시할 수도 없는 거란다.

다만 각자의 장점을 계발하고 살리는 일이 중요하다는 것만 잊지 마라. '난 저 아이보다 이 점이 떨어져. 난 저것도 못 해. 난 왜 이러지?' 이런 생각은 버리고, '내가 잘 하는 것이 무얼까? 어떻게 하면 내 장점을 살려서 남들에게 도움이 될 수 있을까?' 라는 생각만 하렴.

그리고 자신의 것뿐만 아니라, 다른 친구들의 예

쁜 곳과 장점을 발견해 주는 것도 뜻 깊은 일이니 언젠가 꼭 해보면 좋겠구나. '넌 ○○가 참 예뻐' 라고 말해 줄 수 있다면, 그 사람도 너도 기분 좋은 일일 테니까.

아빠가 주는 생각 한 토막

★ 하나하나 뜯어보다 보면 이 세상 사람 중 못 생긴 사람은 없단다.

★ 지금 당장 다른 친구들의 예쁜 곳과 장점을 찾아보자.

41

세상은 넓고 갈 곳은 많다

한비야라는 오지탐험가를 아니? 별명이 '바람의 딸' 이라는 이 여자분은 전 세계의 미개발지역을 걸어서 여행한 것으로 유명하단다. 그런데 이 사람은 여행 가기 10년 전부터 체력을 기르면서 여행준비를 했다고 한단다. 세계여행을 하겠다는 뜻은 이미 어린 시절에 세웠고, 회사를 다니면서도 꾸준히 여행자금을 모았지.

지금 세계지도를 마루에 가득 펼쳐보자. 그리고 어른이 돼서 여행가고 싶은 곳을 골라보렴. 그리스, 이집트, 진시황 무덤, 그랜드 캐년, 안데스 산

맥……. 가고 싶은 곳, 갈 곳이 너무 많지 않니? 우리와 전혀 다른 사람들이 사는 곳을 여행하다 보면, 책만으로는 알 수 없는 것들을 알 수 있게 되고 사람들을 더욱 깊이 사랑하게 된단다. 그러니 여행은 우리의 인생에서 빼놓을 수 없는 엑기스라 할 수 있어. 모든 곳을 다 여행하기란 힘들겠지만, 지금부터 차근차근 계획을 세운다면 어렵기만 한 일은 아닐 거다.

마음껏 여행을 하기 위해 가장 필요한 것이 무엇일까? 여행자금? 외국어? 다 맞는 말이긴 하지만 무엇보다 중요한 것은 체력이란다. 무거운 짐을 들고 며칠 동안 걸어 다닐 수 있는 체력 말이다. 앞에서 한비야도 여행하기 10년 전부터 체력단련을 했다고 했지?

지금부터 편식하지 말고, 매일매일 운동을 한다면 한비야 못지 않은 여행가가 될 수 있을 거다. 여자니까 집안에서 예쁜 옷 입고 인형만 가지고 노는 것보다는 전 세계 모든 사람들을 만나는 게 훨씬 재미있지 않겠니? 지금부터 열심히 준비하자꾸나.

아빠가 주는 생각 한 토막

★ 우리와 전혀 다른 사람들이 사는 곳을 여행하다 보면, 책만으로는 알 수 없는 것들을 알 수 있다.

★ 여행을 하기 위해 가장 필요한 것이 무엇일까?

42

남에게 준 피해는 언젠가 자신에게 돌아온다

일본사람들은 어렸을 때부터 타인에게 피해를 주어서는 안 된다는 교육을 철저히 받기로 유명하단다. 그래서 음식점에서 시끄럽게 떠들어서는 안 되고, 남의 집을 방문할 때 현관에서 자기 신발을 가지런히 정리정돈 하는 것이 그들에게는 습관처럼 몸에 배어 있지. 얼핏 보면 '인간관계에서 너무 차가운 것 아니야?' 라는 생각이 들지도 모르지만, 그만큼 상대방이 불편하지 않도록 배려한다는 측면에서는 긍정적인 면이 많아.

하지만 한국에서는 어떤지 한번 돌아볼까? 길에

서 어깨가 부딪혀도 미안하다는 말 한 마디 안 하고, 엘리베이터 문이 닫히기 직전에 올라타도 '서둘러 가야 하는데 나 때문에 늦어진 사람이 있는 것은 아닐까?' 라는 생각은커녕 당당한 얼굴로 "몇 층 눌러주세요."라고 부탁이나 하고 있지.

쓰레기를 함부로 버리는 것은 물론, 공공용품이라고 하면 모두 내 물건인 양 죄다 집에 가져가 버리기까지 하지 않니? 우리가 의식하고 있지는 않지만, 이런 행동들로 인해 다른 사람들이 얼마나 많이 힘들까? 그리고 이런 작은 이기심들이 쌓여 결국 전체 공공의식을 뒤흔들게 되고, 결국 모든 불편함과 피해는 독화살이 되어 나에게로 되돌아온단다.

그러니까 앞으로는 얼굴을 모르는 사람들에게도 배려하는 마음을 키우도록 해라. 일상생활이 불편할 정도로 지나치게 배려할 필요는 없지만, 상대방이 편해야 나도 편하다는 심정으로 매사에 임하도록 하자. 나만 웃기보다는 나와 네가 함께 웃는 것이 더 뜻 깊지 않겠니?

아빠가 주는 생각 한 토막

★ 작은 이기심들은 쌓여 결국 독화살이 되어 나에게로 되돌아온단다.

★ 얼굴을 모르는 사람들에게도 배려하는 마음을 키우도록 해라.

43

나눌 수 있으면 나누어라

맛있는 간식거리를 가져와서 혼자 몰래 먹는 친구들을 본 적이 있니? 그 친구들을 볼 때 기분이 어땠니? 틀림없이 '뭐야?! 돼지처럼. 함께 나눠먹으면 더 맛있지 않아?!' 라고 생각했을 테지.

이렇게 좋은 것, 맛있는 것을 혼자서만 독차지하려고 하는 사람들은 결코 친구들에게 인기를 얻을 수 없단다. 굳이 좋은 것이 아니더라도 함께 나누고 같이 하고자 하는 사람들이 항상 인기 넘버원이 되지. 꼭 인기를 얻기 위해서가 아니라도 우리는 주변의 사람들과 많은 것을 나눌 수 있어야 한단다. 내가 베풀면 그만큼 남도 베푸니까.

지금도 우리 주변에는 집안형편이 어려워 밥도 제대로 못 먹는 친구들이 많이 있단다. 어떤 친구들은 이렇게 어렵게 사는 친구들을 무시하고 같이 공부하는 것조차 싫어하기도 하지만, 그것은 잘못된 태도야. 그 친구들이 가난하게 살고 싶어서 가난해진 것도 아니고, 네가 그 친구들보다 잘 사는 것도 단지 운이 좀더 좋았을 뿐이란다. 그러니 네가 가지고 있는 것을 그 친구들에게도 나눠주면 너도 기분 좋고, 그 친구들도 기쁘지 않겠니?

단, 주의할 것은 그 친구들이 기분 나쁘지 않게 "이거, 나 혼자 먹기는 너무 양이 많아서 그런데, 같이 먹어주겠니?", "지금 당장은 이 물건이 나한테 필요가 없어서 그런데, 사용하고 나서 돌려주겠니?" 등, 조심스럽게 말해야 한단다. 마치 '네가 너무 가난해서 내가 선심을 베푼다' 는 듯이 준다면 어느 누구도 너의 의도를 좋게 받아들이지 않게 된단다.

아빠가 주는 생각 한 토막

★ 네가 가난한 친구들보다 잘 사는 것은 단지 운이 좀더 좋았을 뿐이란다.

★ 나누는 만큼 기쁨도 커진다.

가슴이 따뜻해지는 일을 해라

하루에 한번쯤은 가슴 따뜻해지는 일을 하도록 해라. 우리가 손쉽게 할 수 있는 가슴이 따뜻해지는 일에는 무엇이 있을까? 길가에 버려진 동물이 있으면 먹이를 주고 따뜻하게 돌봐주거나, 혼자 계시는 할아버지, 할머니의 말벗이 되어드리는 일을 할 수 있겠지.

그리고 이런 것도 있구나. 집 앞 골목을 청소한다든지, 학교에서 키우는 화초에 물을 주는 일 말이다. 이렇게 남들에게 도움이 되는 일을 하고 나면 가슴 깊은 곳에서부터 따뜻한 기운이 퍼져나가는 것이 정말 기분 좋아진단다.

가슴 따뜻한 일을 하는 사람들은 표정부터 남들과는 다르단다. 늘 웃는 얼굴에 행복한 표정이기 때문에 보는 것만으로도 남들을 기분 좋게 만들지. 그리고 행복한 표정의 사람들은 이목구비가 예쁘지 않아도 모두 미남, 미녀로 보인단다.

이처럼 가슴 따뜻한 일은 남들에게도 좋은 일이지만, 나 자신에게도 큰 이득이 돌아온단다. 그러나 어떤 사람들은 '남 좋은 일을 왜 해? 내 몸만 힘들고, 시간만 아깝지' 라고 생각하는데, 이것은 크게 잘못된 생각이란다.

오늘부터 주변에서 쉽게 할 수 있는 가슴 따뜻한 일을 찾아보자. 틀림없이 그런 일들이 너무나 많이 쌓여있는데도 불구하고, 우리가 미처 깨닫지 못하고 있는 것이 태반일 거다. 이런 일은 혼자서 해도 좋지만, 뜻 맞는 친구들과 함께 하면 더욱 쉽고 즐겁게 할 수 있단다. 칭찬 받겠다는 생각보다는 '이

일을 통해서 나와 다른 사람들이 얼마나 즐거울까' 만 생각하거라.

아빠가 주는 생각 한 토막

★ 오늘 집 앞 골목을 청소한다든지, 학교에서 키우는 화초에 물을 줘보자.

★ 가슴 따뜻한 일을 하는 사람들은 표정부터 남들과는 다르단다.

45

환경을 생각해라

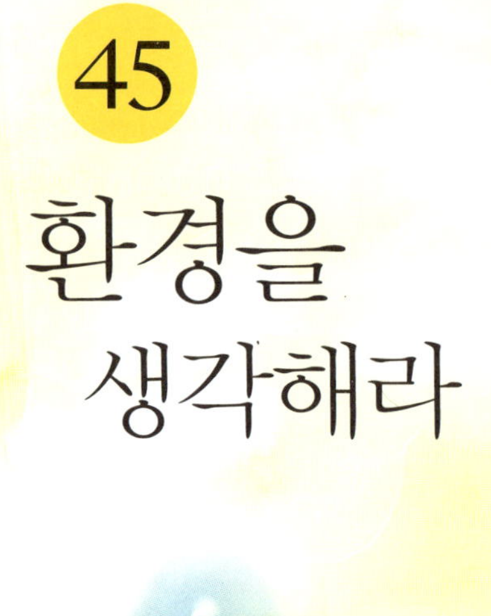

미국에 사는 한국인, 대니 서는 세계에서 가장 아름다운 50인 중 한 명으로 영국의 윌리엄 왕자, 레오나르도 디카프리오 등과 함께 뽑힌 사람이란다. 이 사람이 대체 어떤 사람이길래 세계에서 가장 아름다운 사람으로 뽑혔을까? 바로 환경운동가였기 때문에 가능했단다.

대니 서는 고등학교 때 전체 170명 중 169등의 성적을 가지고 있는, 한마디로 낙제생이었지. 하지만 어느 날 닭을 도살하는 장면을 TV에서 보고, '닭들이 불쌍해서 더 이상은 치킨버거를 먹지 못하겠다.'

는 생각을 하게 된 게 계기가 되어, 환경보호운동을 벌이게 되었어. 그래서 12살의 나이에 단돈 10달러만 가지고 몇 명 친구들과 함께 '지구2000' 이라는 단체를 만들었고, 이 작은 단체는 곧 2만 명의 회원을 가진 거대 환경단체로 커졌단다. 대니 서는 대학도 가지 않고 환경과 우리의 일상생활을 연계하는 활동에 온 몸을 던지고 있는데, 가장 대표적인 활동으로 '모피 옷 안 입기 운동' , '동물해부실험 반대 운동' , '이름 없는 연못 살리기 운동' 등이 있단다.

환경운동이라는 것이 굳이 대대적인 운동을 벌여야 하는 것은 아니란다. 우리의 생활에서 쓰레기를 분리수거하고, 물을 아껴 쓰고, 자동차 타지 않고 대중교통을 이용하면 그 자체로도 우리 지구에게는 큰 도움이 된단다. 지구는 앞으로 너와 너의 친구들이 십 년을 더 살아갈 터전이자, 우리 후손에게 물려줄 가장 중요한 유산이란다. 그러니 지금부터라도 환경에 대해 각별히 신경 쓰도록 하자.

아빠가 주는 생각 한 토막

★ 환경운동이라는 것이 굳이 대대적인 운동을 벌여야 하는 것은 아니란다.

★ 우리 생활 속에서 지금 당장 실천할 수 있는 환경운동을 생각해 보자.

46

너를 사랑하는 사람들이 있다는 것을 잊지 마라

자신이 언제 어디서나 사랑 받는 존재임을 잊지 마라. 주위를 살펴보면 너를 사랑하고 아껴주는 사람들이 너무나 많다는 사실에 깜짝 놀랄 것이다. 우선 부모님과 형제, 자매들이 너를 사랑하고 있다. 네가 잘못을 저질렀을 때 부모님이 크게 야단치고, 항상 '이것 해라, 저것은 하지 마라' 고 잔소리한다고 해서 너를 사랑하지 않는 것이 아니란다. 오히려 너를 너무나 아끼는 마음이 앞서다 보니 그런 행동을 하게 된 것이지.

또 형제, 자매들이 너에게 장난을 치고 심통을 부

린다고 '나를 미워하나 보다' 라고 생각하지 마라. 그들도 본래는 마음 속 깊이 너를 사랑하는데, 아직 자기 자신들도 그 사랑을 미처 깨닫지 못한 것뿐이란다.

그럼 학교의 선생님들은 어떠시니? 선생님이라고 하면 무조건 무섭고, '언제 또 매를 때리실지 몰라' 라는 생각만 드니? 선생님들은 네가 많은 지식과 지혜를 습득해서 올바르게 살아가길 바라는 마음에서 그런 행동을 하시는 거란다. 그 분들이 안 계시면 공부를 할 수 없게 되고, 공부를 할 수 없으면 우리는 엉망진창이 될 것이 뻔하단다.

이제 눈을 감고 나를 사랑해주는 사람들의 얼굴을 하나씩 떠올려 보자. 부모님, 형제, 자매, 선생님, 친구들, 친척들, 그리고 이웃들, 그 외 얼굴을 알 수 없지만 나를 아껴주는 사람들. 이 많은 사람들이 마음 속 깊이 너를 사랑하고 있단다. 그러니 이들의 기대를 저버리는 일을 해서는 안 되겠지? 이 사랑을 믿고, 언제 어디서나 당당하고 열심히 살아가도록 하자.

아빠가 주는 생각 한 토막

★ 자신이 언제 어디서나 사랑 받는 존재임을 잊지 마라.

★ 이제 눈을 감고 나를 사랑해주는 사람들의 얼굴을 하나씩 떠올려 보자.

놀 때는 열심히 놀아라

공부만 열심히 하는 아이를 보통 모범생, 줄여서 '범생'이라고 부르지? 이 아이들의 특징이 무엇인 줄 아니? 공부는 잘하지만 친구들에게 별로 인기도 없고, 친구가 있더라도 아주 친한 사이가 아니라 항상 외톨이 같은 아이이지.

이런 아이에 비해, 공부도 잘하고 놀기도 잘하는 아이들은 반에서 항상 인기가 좋지. 공부와 놀기를 동시에 잘하는 것은 쉬운 일이 아니란다. 하지만 둘 다 열심히 하는 것은 마음먹기에 따라 충분히 가능하단다.

어른이 되면 자연스럽게 깨닫게 되겠지만, 어른들 사이에서도 공부(아니면 일)도 열심히 하고 놀기도 열심히 하는 사람들이 항상 인기가 많단다. 어른이 되면 스트레스 받는 일이 굉장히 많아지는데, 화가 난다고 다른 사람에게 화풀이하기 보다는 즐겁게 놀면서 푸는 것이 더 효과적인 방법이기도 하지.

그래서 어른들은 공부도 열심히 하고, 놀기도 열심히 노는 사람들을 진짜 멋진 사람이라고 부른단다. 그런데 여기서 열심히 논다는 것은 못된 장난을 할 때도 열심히 하라는 것은 아니란다. 자기만 즐겁고 남들은 아프고 기분 나쁜 것은 정말로 노는 것이 아니고, 해선 안 될 짓일 뿐이다. 장난을 해도 서로 웃고 떠들 수 있는 것, 모든 친구들이 공감하고 이해할 수 있는 것으로 해야 한단다.

아빠가 주는 생각 한 토막

★ 공부와 놀기를 동시에 잘하는 것은 쉬운 일이 아니란다.

★ 어른들은 공부도 열심히 하고, 놀기도 열심히 노는 사람들을 진짜 멋진 사람이라고 부른단다.

48

여자로 태어난 것은 선택받은 것이다

남자와 여자는 늘 평등해야 한다는 것은 두말 할 나위가 없다. 단, 남자인 아빠는 가끔씩 여자로 태어난 것은 처음부터 선택받은 특권을 갖는 것이나 다름없다는 생각을 한단다. 쉽게 말하면 남자보다 여자는 위대한 힘을 갖고 있다는 애기란다.

남자는 신체적 특성상 여자들에 비해 힘으로 할 수 있는 것은 더 큰 능력을 발휘할 수 있을지는 모르나 여자가 할 수 있는 중요한 하나를 남자는 하지 못한단다. 그것은 다름 아닌 새 생명을 잉태하는 일이지.

사랑하는 딸아! 여자는 새 생명을 탄생시키는 위대한 힘을 갖고 있지 않니? 남자는 그런 힘을 갖고 있지 못하단다. 네가 엄마의 몸속에서 태어났듯이 아버지는 할머니의 몸속에서 태어났지. 생명을 탄생시키기 위해서는 남자도 반드시 필요하지만 임신과 출산은 여자가 아니고서는 불가능한 일이란다. 그러니 여자란 얼마나 소중한 존재이고 큰 힘을 지니고 있겠니.

딸아! 아빠는 네가 여자로 태어난 것을 매우 자랑스럽게 여긴단다. 다만 여자이기 때문에 남자와는 달리 조심을 해야 하는 것들이 있단다. 남자도 부모님으로부터 물려받은 가장 큰 재산인 신체를 건강하게 잘 지켜야한다는 점은 여자와 똑같단다. 단, 여자는 생명을 탄생시키는 신체적 조건을 갖추고 있는 만큼 자신의 몸 관리에 조심을 해야 된단다.

아빠가 주는 생각 한 토막

★ 과격한 운동은 피하는 게 좋다.

★ 만약의 사고에 대비하여 자신을 방어할 수 있는 운동이나 간단한 동작은 익혀두는 게 좋다.

★ 옷차림은 흐트러짐이 없도록 하고 심한 노출은 피해야 한다.

★ 야간에는 혼자서 다니는 것을 피한다.

비밀은 지켜주도록 해라

사람들은 누구나 자신만의 비밀을 한두 가지씩은 갖고 산단다. 그 비밀은 사람에 따라 달라서 어떤 사람은 과거의 아픈 상처일 수도 있고 또 어떤 사람은 야심 차게 준비하는 새로운 계획일 수도 있다. 신체적인 단점을 비밀로 유지하는 사람도 있고, 어느 시점까지만 알려지지 않기를 바라는 즐거운 일을 준비하는 사람일 수도 있단다.

비밀은 말 그대로 다른 사람에게 알려지기를 꺼려하는 것들이지. 하지만 사람들은 혼자만의 비밀로 묻어두고 있다가도 자신을 잘 이해해주거나 믿음이 강하다고 생각되는 사람에게는 그 비밀을 밝히는 경우도 종종 있단다.

네 친구가 이렇게 말했다고 치자.

"사실 며칠 전에 우리 엄마와 아빠가 말다툼을 심하게 하셨어. 그날 나와 동생은 방안에서 얼마나 울었는지 모른단다. 우리 엄마, 아빠는 가끔씩 그렇게 다투시는데 나는 너무 싫거든. 이건 우리 반 아이들이나 동네아이들 조차 모르는 사실이야. 너무 속이 상해서 너에게만 말했으니 너만 아는 비밀로 해주렴."

이 말을 듣고 네가 친구의 부탁대로 비밀로 지켜주는 것은 당연한 일이지. 그 친구는 너를 많이 믿고 있기 때문에 말했을 거야. 만일 네가 그 친구의 부모님이 가끔씩 다투신다는 사실을 다른 친구들에게 전한다면 너에게 말한 친구는 많이 당황스러울 거야. 네가 어떤 의도를 갖고 말한 게 아닐지라도 친구는 밝히고 싶지 않은 가족의 문제였던 만큼 자존심도 상하고 창피스러워 할 거란다.

친구와의 비밀, 가족들과의 비밀 등은 꼭 지켜주어야만 한단다. 비밀을 지키지 않아 그 문제가 더 크게 확산된다면 심한 경우에는 친구를 잃게 될 지도 모르지.

아빠가 주는 생각 한 토막

★ 누구에게나 비밀은 있다.

★ 친구나 가족들의 비밀을 지켜주는 것은 당연하다.

50

하나가 끝난 후 또 다른 하나를 시작해라

숙제를 해야 하는데 시간은 부족하고 숙제는 너무 많은 거야. 친구들과 인라인스케이트도 타야 하고 재미있는 만화영화도 보아야 해. 그런데 생각처럼 숙제는 빨리빨리 끝나지 않으니 화가 치밀어오를 정도지. 게다가 숙제는 두 가지나 되니 울고 싶은 심정일 거야. 아니면 누군가가 나타나서 한 가지만이라도 해주었으면 하는 바람이 간절해지지.

마음이 조급해지자 영어 단어를 외우면서 독후감을 쓰는가 하면, 만들기를 하면서 국어숙제를 하는, 이를테면 동시에 두 가지 숙제를 빨리 끝내보겠다는 욕심이 생기게 되지. 하지만 결과는 그다지 만족스럽지 않게 나타나지. 때에 따라서는 오히려 둘 다 엉망이 되어버릴 수도 있어.

내 사랑하는 딸아, 가끔씩은 너에게도 이런 상황이 올 거란다. 아빠도 어렸을 때 이와 비슷한 상황을 겪곤 했지. 빠른 시간 내에 두 가지 숙제를 완벽하게 해내고 남는 시간을 자유시간으로 활용하여 신나게 놀 수 있다면 그것은 매우 잘한 일이고 칭찬해 줄 수도 있지.

하지만 인간에게는 어느 정도 한계란 것이 있단다. 아무리 애를 써도 불가능하다는 것이지. 이를테면 한 시간 안에 찰흙 만들기 숙제와 독후감 10매를 쓸 수 있는 사람은 드물거든. 동시에 두 가지 일을 해내려는 열의는 좋으나 그 정도가 지나쳐 욕심이 넘치면 둘 중 어느 한 가지도 제대로 하지 못하고 만단다.

내 딸아! 동시에 두 마리 토끼를 잡으려고 하지 마

라. 한 마리를 잡으면 우리 안에 넣어놓고 다시 다른 한 마리를 잡으려고 노력하는 것이 가장 현명한 방법이란다.

세 가지 숙제를 3시간 동안 다 해결해야 한다면 네가 가장 빨리 잘할 수 있는 숙제부터 시작하여 하나가 끝나면 다른 하나로 넘어가는 방법을 택하여라. 이 세상 모든 일은 내 욕심처럼 되질 않는단다. 할 일은 많고 마음은 조급해져도 이럴 때일수록 신중을 기하고 순리대로 이어나가는 차분하고 진지한 마음과 행동을 보여주길 바란다.

아빠가 주는 생각 한 토막

★ 동시에 두 마리 토끼를 잡으려고 하지 마라.

★ 인간에게는 어느 정도 한계란 것이 있단다.

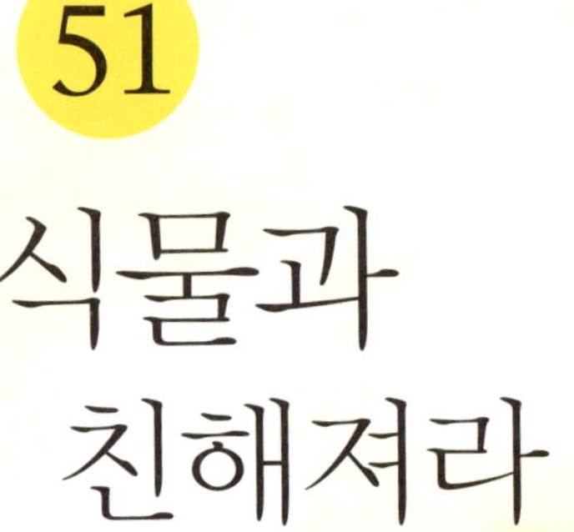

51
식물과 친해져라

이 세상에 살아 숨쉬는 모든 것들은 살아있다는 그 자체만으로도 아름답단다. 동물들은 소리를 내고 움직이면서 다양한 모습을 보여주기에 당연히 아름답고 매력적인 모습을 수시로 볼 수 있단다. 그렇다면 식물은 어떨까?

식물은 말하지도 못하고 발이 있어 움직이지도 못하지만 아름다운 꽃과 열매를 만들고 자신의 자리를 굳건히 지키면서 잘 커나간단다. 이런 식물들의 모습을 관찰하는 일은 매우 신비스럽고 흥미롭단다.

딸아! 아빠는 네가 식물과 친한 사람이 되었으면 한단다.

식물들은 말은 못하지만 자신의 기분이나 느낌을 온 몸으로 말하곤 하지. 매일같이 물을 주면 기분이 좋아서 잎사귀를 활짝 펼치고 꽃을 피우기 위해 노력을 한단다. 하지만 물을 주지 않으면 목이 말라 잎사귀들은 축 쳐진 모습으로 힘없어 하며 꽃을 피우려 했던 꽃망울은 더 이상 자신의 아름다운 자태를 드러내지 못하고 목말라 하다가 말라 버리기도 하지.

식물은 어쩌면 사람보다도 더 민감하단다. 주인의 손길에 애정이 가득해 늘 만져주고 물을 주고 훼방꾼인 벌레를 잡아주면 즐겁고 행복하다는 모습을 날마다 성장하는 모습으로 드러낸단다.

씨앗을 뿌리고 새싹이 돋아나고 가지가 자라면서 잎이 생기고 또 꽃과 열매를 만들어가는 식물의 성장과정은 보는 즐거움은 물론이고 늘 궁금증과 새로운 기대를 갖게 한단다.

"오늘은 얼마나 컸을까."

"꽃은 언제쯤 필까?"

이런 마음은 우리에게 정서와 사랑하는 마음을 안겨주고 작은 것 하나라도 소중히 여기도록 깨우쳐준단다.

아빠가 주는 생각 한 토막

★ 베란다나 정원에 작은 화단을 만들고 3~4가지 화초를 키운다. 어린 묘는 화원에서 1천원으로도 몇 개를 구입할 수 있다.

★ 물주기와 보살피기는 매일같이 해야 한다. 여름에는 하루 두 번씩 주어야 된다.

★ 음식물찌꺼기를 물기 없게 짠 후 화분의 옆이나 뿌리 밑에 파묻어주면 좋은 거름이 된다.

52

울고 싶을 땐 울어라

"울긴 왜 울어."

"눈물이 많으면 성공을 못 한단다."

"그렇게 우니까 여자는 약하다는 소릴 듣지."

누군가 울고 있을 때 주변사람들이 이렇게 말한다면 참으로 속상한 일이다. 슬프거나 기뻐서 그리고 너무 아파서 눈물이 나오는 것은 인간에게 나타나는 매우 자연스러운 현상이다. 게다가 눈물은 때에 따라서는 오히려 마음을 가볍거나 속 시원하게 해주는 역할도 한단다. 그런데 사람들 중에는 우는 것에 대해 불쾌해 하거나 우는 그 자체는 나약하고 여성스러움으로 몰아붙이기도 한다.

딸아! 네가 정말 울고 싶다면 실컷 울어라. 슬픈 영화를 보고도 눈물을 흘리지 않는 차가운 사람보다는 마음이 감동하여 나오는 눈물을 그대로 흘리는 것은 지극히 정상적이면서 감성을 보다 풍부하게 해 줄 거란다.

남자든 여자든 지나치게 감성적으로 빠져들어 늘 나약한 모습을 보이는 것은 그다지 좋은 일이 아니지만 울어야 할 때 또는 울어도 좋을 때 울지 못하는 것은 더더욱 슬프고 안타까운 거란다.

필요 이상으로 눈물이 많아 시시때때로 주변사람들을 당황스럽게 하는 것은 좋지 않은 습관이지. 하지만 병마에 시달리다가 세상을 떠나는 이를 보면서, 돈이 없어서 오갈 데도 없이 방황하는 너무도 안타까운 노인들을 보면서 눈물 한두 방울 흘리는 것은 너무나 인간적이고 아름다운 모습이 아니겠니.

딸아! 울고 싶을 땐 울어라. 그 울음으로 인해 너의 가슴이 더 따뜻해지고 너의 갑갑했던 가슴이 풀어진다면.

아빠가 주는 생각 한 토막

★ 눈물이 나오는 것은 인간에게 나타나는 매우 자연스러운 현상이다.

★ 남자든 여자든 울어야 할 때 울지 못하는 것은 안타까운 거란다.